「かかわり」の心理臨床

催眠臨床・家族療法・ブリーフセラピーにおける関係性

八巻　秀 著

遠見書房

はじめに

数多くある本の中で，この本を手に取っていただき，ありがとうございます。

この本は，私が心理臨床家・セラピストとしての約30年の経験を通して，これまで書き溜めてきた論文や書評，エッセイ，講演録などから，あらためて選び直して，さらに加筆・修正した「論考集」です。

そのような本に，はたしてどのような「名前」をつけたら良いか，ずっと考えていましたが，いろいろな言葉が降りてきては消え，また降りてくるということを繰り返して，最後は「かかわり」という言葉が一番腑に落ちる感じがして，この本のタイトルは**「かかわり」の心理臨床**としてみました。

この平仮名の「かかわり」を漢字にすると，主に３つ

「関わり」「係わり」「拘わり」

があげられます。

それら一つひとつの意味を辞書で調べてみました。

まず「関わり」は「関係をもつ。関係する」こと。例えば「研究にかかわった人々」などはこの漢字になります。

それに対して「係わり」は「重大なつながりをもつ。影響が及ぶ」という意味。この意味による例文としては「命にかかわる問題」などがあげられます。

さらに「拘わり」は「こだわる」という意味。「つまらぬことにかかわっている場合ではない」などが例文としてあげられるでしょう。

これら３つの漢字があてられる「かかわり」という言葉は，私がこれまで心理臨床活動を行ってきた中で，大切にしてきたもの・こと・経験などを，まさに凝縮した・象徴している言葉のように思えたのです。

私がセラピストとして，さまざまな人・局面・状況に，どのように「かかわろう」としてきたのか。

例えば，いかにセラピストとして「配慮」や「工夫」をしながら，クライエントやその家族との「関係」や「かかわり」「つながり」を作っていけば良いのか，などということについて，これまでの心理臨床活動において，私が最も大切にしてきたことのように思います。

さらにその心理臨床における「かかわり」を，どのように論文などで描いて世に問おうとしてきたのか。この「かかわり」を論文等で描き出すために，これまでさまざまな「言葉」を探し求めて採用してきました。

そして，同じ心理臨床の先達である尊敬する先生方との「かかわり」や，心理臨床仲間としての先輩や同僚，そして後輩や大学院生たちとの「かかわり」から，自分がどんなことを学び，影響を受けてきたのか。

この本では，これらのような内容の文章が並んでいます。

そして，現在の心理臨床家としての私は，それらさまざまな人々との「かかわり」を通して，「対話」を重視した臨床へと少しずつシフトしてきています。究極の人と人との「かかわり」の鍵を握っているのは「対話していくこと」なのではないかと今現在は考えています。そこへ至るまでのこれまでの私の「考えや発想，さまざまな人とのかかわりの記録」が，この本になっているとも言えるかもしれません。

お時間が許せば，どうぞ私の「かかわり」の心理臨床のヒストリーあるいはナラティヴを，お読みいただければと思います。そのことを通して，読者の皆さんにとって，人・もの・こととの「かかわり」は，これまでどのようなことがあったか，あるいは皆さん一人ひとりにとっての「かかわり」とは何であるか，などという連想を，それぞれ各自で膨らませていっていただければ，この本を作ったものとして，大変嬉しく思います。

どうぞ，どこからでも結構です。興味ある部分からご自由にお読みください。

八巻　秀

目　次

第２部　催眠臨床における「かかわり」

第３部　心理臨床仲間との「かかわり」

第４部　家族療法・ブリーフセラピーでの「かかわり」

第５部　あるクライエントとの「かかわり」

「かかわり」の心理臨床

――催眠臨床・家族療法・ブリーフセラピーにおける関係性

序章

心理臨床における私の「かかわり」をたどる

60年近く生きてくると，人生の中で，「あの時・あの人との『かかわり』は，私の人生にとって，ターニングポイントとなる大切な場面だったよな～」と，時々思い出すエピソードがいくつかあるものだ。

心理臨床の道に進むことを決めた，ある「かかわり」

私が私立の中高一貫男子校の数学教師として勤務して2年が過ぎようとしていた頃である。

その頃は，これからも教師を続けていくのか，それとも心理の職業を目指して大学院に入り直すか，という2つの道のどちらを選ぶのか，一人で悩み始めていた時期であった。

ずっと考え続けていて，自分だけでは決めあぐねていたので，当時，東大の大学院生であった親友のT君に，いわゆる進路相談にのってもらった。居酒屋で一緒に酒を飲みながら，大学院生活とはどんな生活か？　そこに進学するメリットやデメリットは？　お金はどのくらいかかるのか？　はたして教員生活を辞めて大学院に進むのは正しい道なのか？ などなど。自分がどちらの道を選んだら良いのか，ずっと一人で悩んできたことを一気に吐き出した感じだったので，おそらく私の話し方も暗く，少し愚痴っぽくなっていたかもしれない。

しばらくずっと静かに聴いていたT君が，最後に言ったセリフは今でも忘れられない。

T君は落ち着いた口調で次のように話した。

「八巻君さ～結局，迷ったら，より“困難な方”を選んだほうが良いと思うよ」

その時，このＴ君から出てきた意外な言葉に驚きながらも，「そうか〜より“困難な方”か〜。自分にとって“困難な方”とは，どっちの道だろう？」とすぐに考え始めている自分がいた。

そして，その半年後，私は教師を辞め，アルバイトをしながら大学院受験の準備を始めたのだった。

このエピソードは，心理臨床家としての今の私につながる起点となった出来事の１つなので，今でも鮮明に覚えている。

「迷ったら，より“困難な方”を選べ」

この時に，私の人生の方向性を指し示してくれたＴ君が発したこの言葉は，当時のＴ君と私との友人関係という「関わり」の中で，ふっとＴ君を通して生まれてきた言葉だったのではないか，と振り返って今では，そう思うようになっている。

この数年後にＴ君に会った時，あらためてこの言葉を言ってくれたお礼を言う機会があったが，その時のＴ君の反応は「そんなセリフ，俺言ったっけ？」だった。

つまり，この言葉はＴ君が元々持っていた考えを話したというより，その場のＴ君と私との関わり・関係の中で生まれてきた言葉なのではないかと思うのである。もちろん，酒の勢いで言ったので，記憶に残らなかったという部分もあるかもしれないが（笑）。

このような「関わりの中で生まれてきた言葉」は，人の心に染み入り，その言葉によって人は動かされるのではないか。上記のエピソードの当時，このようなはっきりとした考えにはなっていなかったが，なんとなくそう感じ始めていたように思う。

「社会構成主義（Social Constructionism）」を唱えたガーゲン Gergen, K. は「人々はお互いの言葉のやり取り・対話の中で「意味」を作っていくのであり，「意味」とは話し手と聞き手の相互作用の結果である」と述べて，これを「Words create world（言葉が世界を創る）」と表現した（Gergen, 1999）。

上記のエピソードは 1980 年代のことであり，それゆえ，その当時，まだ私は「社会構成主義」という考え方を知らなかったのは明らかである。ただ，このような体験を通して，その後の心理臨床家としての仕事においても，「人との関わり」の大切さ，その「関係・かかわり」から生まれてくる「言葉」

の力，その「言葉」の影響の大きさなど，「かかわり」ということについて，少しずつ考えるようになっていったことは確かである。

クリニック勤務時代の「かかわり」

駒澤大学大学院に入学することができ，そこで非常勤講師として「精神医学」の授業を担当されていた精神科医の柴田出先生と出会う。この柴田先生との「かかわり」も，今につながる大きな出会いであったと思う。

大学院の授業において，柴田先生の講義を聞いていると，臨床現場を何よりも一番大切にされている臨床家としての姿勢が伝わってきて，柴田先生の言葉の端々からあふれ出る豊富な臨床経験の重みに圧倒されたのを今でも覚えている。

そして「もっともっと臨床現場の近くで学びたい」という気持ちが強くなり，２回目の授業の後に帰ろうとする柴田先生を引き止めて「先生のクリニックで勉強させてください！」と直訴したのであった。

幸いなことに，柴田先生はそのある意味強引な私の直訴を快く受け入れてくれて，大学院１年生の５月から，当時新宿にあった柴田先生が院長をされている「柴田クリニック」で週１回，実習生として学ぶ機会をいただけることになった。

その当時，柴田クリニックでは，「催眠療法」や「イメージ分析療法（Image Analysis Therapy)」という技法を中心に治療を行なっていた。イメージ分析療法とは，催眠分析や自律訓練法などを応用して，柴田先生自らが創始したイメージ療法である。精神分析理論を背景にして，心身のリラクセーション効果による過去の情動記憶の整理を目指す，オリジナルな心理療法であった。

最初は，柴田先生やベテランの先生のイメージ分析セッションに陪席しながら，イメージ分析療法の仕方を学び，次第に自分も患者を担当するようになっていった。しかしながら，最初は患者が早々にドロップアウトしてしまうことが多く，柴田院長からは常に厳しい指導を受けたものである。その頃のクリニックからの帰り道は「やはり自分はセラピストには向いていないんじゃないか」と落ち込むことが多かったのを思い出す。この時期の苦闘とそこからのモノの見方の転換による臨床家としての成長過程については，すでに１つの論文に書いているのでここでは省略する（八巻，2022)。

それから２年後，大学院を修了し，クリニックに週３日勤務するようになって半年くらい経った頃のことである。

土曜日にも勤務するようになり，担当するケースが増え，日々忙しくさまざまなクライエントとお会いしていた。土曜勤務の前任者からいくつかのケースを引き継いで担当していたが，ある日何気なくカルテを見ているときに，ふと，あることに気がついた。

それは，あるクライエントのカルテに書かれていた「前任者とのセッションでクライエントが想起したイメージ場面」と私が担当するようになってからの「同じクライエントが想起するイメージ場面」の内容が，明らかに違っているのである。

もちろん同じ場面もいくつかあったが，全く違う場面の方を想起している回数の方が多い。他の引き継いだクライエントのカルテ記録も見ても，同様に前任者とのセッションで浮かべるイメージ場面と，私が担当したセッションで浮かべていたイメージ場面がやはり違うものの方が多かった。

藤岡（1981）の「人間はイメージのタンクである」という言葉や，Jung（1921/1987）の「イメージは心の全般的状況を凝縮して表すものであって…（中略）…その時々の無意識の状況と意識の状況を表している」などという言葉にも代表されるように，それまでイメージは「クライエントの心の中から想起したもの」と当たり前のように考えていた。

しかし，セラピストが交代したことにより，クライエントの想起するイメージ場面が明らかに変化しているということは

「クライエントからお聴きするイメージは，クライエントからだけのものとは限らず，セラピストである私からの影響を受けている。あるいはセラピストとの関係や相互作用の影響によって想起されているのかもしれない」

ということを，次第に考えるようになっていった。

それからは，セラピストからのイメージに対する影響を見るために，イメージ・セッション中に私がどのような言葉を発しているか，さらにセッション中に私が頭の中で思い描いていることや自分の体感覚など（後にこれらを「内閉イメージ」と名付けた（八巻，1999a））も記録するように心がけていった。

そのような記録と考察の成果の１つが「イメージの間主体性」の２つの論文（八巻，1999a：本書の第２部第１章と八巻，1999b）である。これらの論文は，初めて自分のオリジナルな考えをまとめたものであった。この論文の執筆を通して，自分の主な関心が「臨床におけるクライエントとセラピストの関係性・かかわり」にあることに，少しずつ気づき始めていた。

日本催眠医学心理学会での「かかわり」

この「関係性・かかわり」というキーワードで，柴田クリニックで行われていた「催眠療法」についても，その観点で見るようになっていった。

それまで，柴田院長に半ば強制的に連れて行かれるように日本催眠医学心理学会に参加し，毎年のように学会発表をおこなっていたが，その一方で「催眠」というものが醸し出す「セラピストがクライエントをコントロールする」感じに何か抵抗感を持ち続けていた。

次第に催眠療法であったとしても，クライエントとセラピストの関係は「共に在る対等な関係性」なのではないか，そのための催眠におけるクライエントとセラピストとの関係性の再検討が必要ではないかと考えるようになり，学会で「関係性」を重視した催眠療法の研究発表を行うようになっていった。

1999年の第45回東京大会では「催眠療法における間主体を考える」（これは論文化（八巻，2000）している），そして2000年の第46回別府大会では，「催眠療法における『暗示』の検討」という演題で発表した。この発表ではSuggestionという英語に「暗示」という力動的な上下関係が含まれる訳語を当てるのではなく，上下関係のない「提案」という用語に訳し直し，「催眠療法を行うとき，またはそれを記述するときは，「暗示」という言葉をやめて，「提案」という言葉にする」ことで，催眠療法においてセラピストとクライエントの対等性が生まれてくるのではないか，という考えを発表したのであった。

この考えにいち早く共鳴してくださったのが，その学会に参加していた松木繁先生（現在，松木心理学研究所所長）だった。私の発表後に宿泊先のホテルの大浴場で偶然お会いして，私の発表や催眠臨床について，温泉にのぼせながら長い時間語り合ったのを思い出す。

それからは「関係性の催眠」というキーワードで，松木先生とは，いくつかの学会のシンポジウムなどでご一緒する機会が多くなった。この頃の考えを論文化したのが「「関係性」という視点から見た催眠臨床：トランス空間とオートポイエーシス」（八巻，2006：本書第2部第2章）である。

松木先生とのご縁は，その後，松木先生が勤務された鹿児島大学を退職される際の記念シンポジウムに呼んでいただいたり，松木先生が編集した本にも執筆させていただいたり（本書第2部第2章）したが，この松木先生との「かかわり」も，私を臨床家として前進させてくれたと思う。

東京カウンセリングセンター勤務時代の「かかわり」

8年間勤めた柴田クリニックから東京カウンセリングセンター（TCC）に勤務先が変わり，センター長であった菅野泰蔵先生と，そのご友人であった東豊先生（当時，九州大学。専門は「システムズアプローチ」），児島達美先生（当時，三菱重工長崎造船所メンタルヘルスサービス室長。専門は「ブリーフセラピー」），高良聖先生（当時，獨協医科大学病院。専門は「サイコドラマ」）などの先生方，そして催眠医学心理学会で何度かお会いしていた田嶌誠一先生（当時，九州大学。専門は「壺イメージ療法」）とも，セミナー講師とその担当者としてお会いする機会に恵まれた。このことも今から思うと，心理臨床の先輩方とのとても大きい「かかわり」であった。

「TCC セミナー」と銘打って，上記の先生方のワークショップを企画担当させていただいたが，それらのセミナーから学べるだけでなく，その前後の飲み会なども講師の先生方とご一緒できて，とっておきのお話を聞くのも楽しみであった。

この時期は，これらの先生から「家族療法」や「ブリーフセラピー」，そして独自の「田嶌臨床」の発想を学ばせていただいたと思う。「家族療法・ブリーフセラピー」が重視する「相互作用性」や「ジョイニング」の発想（東，1993）や「田嶌臨床」の「現実に介入しつつ心に関わるセラピストの姿勢」（田嶌，2016）などからの学びは，そのまま自分の臨床に取り入れ，私の臨床スタイルがさらに変わっていく大きな原動力となった。

またこの TCC 勤務の頃は，担当するケース数も多く，担当した前後の自らの振り返りや TCC のスタッフによるケースカンファレンスなどでの検討などを通して，まさに「臨床現場から学ぶ」ことも多かった。

これらの学びによって，私が考えていた「心理臨床における関係性・かかわり」というテーマがさらに深まっていったように思う。この頃の上記の先生方や臨床で出会ったさまざまなクライエントとの「かかわり」から学んだことをまとめた論文は多い（本書では，第1部から第3部までのすべての論文がそうである）。

この頃には，日本ブリーフサイコセラピー学会と日本家族療法学会にも入会し，それらの学会で出会うことができた先生も多かった。

ブリーフセラピストとして第一線で活躍されていた和田憲明先生（当時，三菱重工長崎造船所メンタルヘルスサービス）とは，シンポジウムなどでご一緒してお話しする機会があったが，和田先生が執筆された本の書評も書かせていただいたりもした（本書第３部第２章）。

また，ナラティヴ・セラピストとして有名になっていた高橋規子先生（心理技術研究所）とも，同世代ということもあってか，よく酒を酌み交わしながらいろいろ議論し，一緒にワークショップを開催して，それを本にしたこともあった（高橋・八巻，2011：この経緯を第３部第３章に掲載）。

お二人とも 2010 年から 2011 年にかけて，若くしてお亡くなりになったのは，とても悲しく，とても残念である。その後，高橋先生の追悼文を書かせていただいた（第３部第４章）が，今でもこのお二人からは，書籍や論文を通して，臨床における発想やそれに臨む姿勢を，繰り返し学ばせていただいている。

また TCC から秋田大学に移る前の１年間（2000 年４月～ 2001 年３月）に担当した一人のクライエント（仮にお名前を田中陽子さんとします）とのカウンセリングでの「かかわり」は，私に今後も心理臨床家としてやっていく「勇気」を与えてくれたという点で，忘れられない事例の１つになっている。私が秋田大学に転勤することで終結した関わりではあったが，今回この本の出版にあたって連絡をとることができ，約 20 年越しに田中さんから，現在の心境などを綴った「カウンセリングの 20 年後」という一文まで書いていただいた。秋田に移る直前の 2001 年３月に田中さんからいただいた「八巻の成績表」とともに，田中さんの許可の上，本書に掲載させていただく（本書の第５部）。この場をお借りして田中陽子さんに深く感謝したい。

秋田大学～駒澤大学勤務時代の他の大学教員や大学院生，若手の心理師との「かかわり」

2001 年４月に秋田大学に移ってからは，大学教員としての勤務，特に「臨床心理士」を目指す大学院生のトレーニングにも携わるようになった。そして 2008 年には駒澤大学に移り，同じように「公認心理師」も加えたその養成に携わってきている。そこで出会った多くの大学院生との「かかわり」も，印象深い出来事は多い。まさにこの 20 年以上にわたるこの時期は「よき心理臨床家をどう育てるのか。そのための『かかわり』方とは，どうあれば良いか」というテーマが加わったと言える。

実際には，大学院でのゼミや定期的に行われるケースカンファレンス，ケース陪席の後の振り返りの時間などを通して，私自身は，大学院生との「対話」を，今に至るまで大切にしながら重ねてきたように思う。この大学院生との「対話」による場面を描いた論文は，本書にも一部掲載されている（第２部第３章と第３部第１章)。

現在まで続いている公認心理師や臨床心理士の養成という点では，私にとって大きな機会となっているのが，秋田大学の柴田健先生と青山学院大学の北村文昭先生とともに開催し続けている「３大学院合同ゼミ（通称：ジョイントセミナー)」の存在である。

お二人の先生との「かかわり」は，私が秋田大学に勤務し始めてからで，ブリーフサイコセラピー学会などでの出会いが始まりだったように思う。そして，私が駒澤大学に移ってから２年後の 2008 年頃から，年に２回，それぞれの大学院のゼミ生を連れて，「３大学院合同ゼミ」を行うようになり，それが現在に至るまで 14 年間続いている。

その合同ゼミでは，大学院生による研究発表や修士論文の構想発表，自分が担当した事例発表などともに，各先生方も現在進めている研究やその構想，雑観などを発表している。お二人の先生方の発表や，学生の発表に対するコメントを聞きながら，その自らの研究姿勢や学生に対する真摯な態度などを見せていただく機会ともなり，参加した大学院生だけでなく，私自身もとても良い刺激をいただいている。柴田先生と北村先生とは，出会った当初から同じような臨床観や大学院生教育観をもっているように感じていた。それらは，「対等」「対話」「解決志向」「相互作用」などの言葉で示されるのかもしれない。お二人の先生方も私に対して，同じように感じられているように思える。このことは，この合同ゼミがこのように長く続いている要因になっているのだろう。

この合同ゼミの経験からのさまざまな気づきについては，今後，本の作成などを通して，発信の機会を作っていこうとお二人の先生とともに現在構想中である。

さて，現在の私は，大学院生に限らず若手の心理師のスーパービジョンを担当することも多くなっているが，その際は，以下の岡野（2003）の言葉を思い出すようにしている。

> あなたの患者さんの治療のことは，ある意味ではあなたが一番知っていることです。私にできることは，スーパービジョン，つまり監督ではありません。あなたの治療に関する報告が私にはどう見えるのかということ，つまりエクストラ・ビジョン（extra vision：「別の見方」

の意味）をあなたに提供することです。

私自身のスーパービジョンにのぞむ基本姿勢は，上記の岡野氏の述べる「エクストラビジョン」という考え方と同じである。これまでもさまざまな専門家や大学院生などとお会いしながら，このような考えを持ってスーパービジョン，いやエクストラ・ビジョンを行ってきた。これは，スーパーバイジーいや，エクストラバイジーに対して，菅野（2022）が述べる「提案」をしながら，「かかわり」続けてきたとも言えるだろう。

考えてみると，これはクライエントに対している時と全く同じ姿勢ではないかと思う。

これからも多くの専門家の方とお会いしながら，その方が担当されているケースが少しでもより良い方向に向かうため，少しでもセラピストが楽にお仕事を遂行できるように，あるいはその方の専門家としての（学派などにとらわれない本来の）「持ち味」を見つけていくために，「エクストラ・ビジョン」を通して「かかわり」を続けていきたいと考えている。

さて，ここまで，私自身の心理臨床家としての「かかわり」の歴史・ナラティヴを，ざっと書かせていただいた。次章からは事例やエピソードなどを通して，さらに詳しく，さまざまな人との「かかわり」の心理臨床について，描いていくことになるだろう。さらに読み進めていただければ幸いである。

文　献

藤岡喜愛（1981）心の成り立ち—イメージ・タンクの理論．In：講座　現代の心理学１—心とは何か．小学館．pp.157-213.
東豊（1993）セラピスト入門—システムズアプローチへの招待．日本評論社.
Jung, C, G.（1921）Psychologische Typen. Rascher Verlag, Zurich.（林道義訳（1987）タイプ論．みすず書房.）
Keneth J. Gergen（1999）An Invitation to Social Construction. Sage Publications of London.（東村知子訳（2004）あなたへの社会構成主義．ナカニシヤ出版.）
岡野憲一郎（2003）自然流精神療法のすすめ—精神療法，カウンセリングをめざす人のために．星和書店.
菅野泰蔵（2022）方法としての「提案」，In：日本ブリーフサイコセラピー学会編：臨床力アップのコツ—ブリーフセラピーの発想；第３章，pp.30-36．遠見書房.
田嶌誠一（2016）その場で関わる心理臨床—多面的体験支援アプローチ．遠見書房.
高橋規子・八巻秀（2011）ナラティヴ，あるいはコラボレイティヴな臨床実践をめざすセラピストのために．遠見書房.
八巻秀（1999a）イメージ療法におけるイメージの間主体性．催眠学研究，44（1），19-26

八巻秀（1999b）間主体的アプローチによるイメージ療法．In：藤原勝紀編：現代のエスプリ No. 387：特集「イメージ療法」，91-99.
八巻秀（2000）催眠療法を間主体的現象として考える：事例を通しての検討．催眠学研究，45（2），1-7.
八巻秀（2006）「関係性」という視点からみた催眠臨床―トランス空間とオートポイエーシス．催眠学研究，49（2），28-35.
八巻秀（2022）タテの学びからヨコの学びへ，そして今．In：日本ブリーフサイコセラピー学会編：臨床力アップのコツ―ブリーフセラピーの発想，第9章，pp.90-98．遠見書房.

第１部
セラピストとしての
「かかわり」

第１章

心理療法においてセラピストが「主体的になること」

Ⅰ．はじめに

近年の心理臨床学において，クライエントとセラピストとの関係性や相互作用を重視する理論が，数多く見られるようになってきている(Kahn,1991)。これらの状況は，クライエントとセラピストとの間に生じるプロセスを，それぞれの役割は異なっていても，平等な二者間の現実的かつ自然な交流としてとらえるようになってきているからだと考えられる。その相互作用をどのように見ていくかについては，これまでもさまざまな理論が提示され，活発な議論がなされてきている（高橋，2000)。

そこで本稿においては，心理療法におけるクライエントとセラピストの二者の相互作用の状況を捉えていく手がかりとして，あえて心理療法場面での「セラピスト側」の方に重心をおいて描いてみたいと考えている。その状況を描くことにより，セラピストが自分のあらゆる「感性」を働かせて，心理療法における「流れ」をセラピストが見いだしていくという機能について，論じる事ができると考えるからである。

実際の心理療法場面の中で，セラピストの心の中は，まさにその場面状況で常に揺れ動いているものである。心理療法場面におけるセラピストの内的・外的活動は，大きく２つのポイントに分けられると考えられる。

１つは，セラピストがさまざまな局面でどのような「ものの見方」や「基本姿勢」をとるか，いわゆる「セラピストがどう考えていくのか？」ということ。もう１つは，その局面でセラピストがどのような「技法」のような「行為」を選択して使用するのか，いわゆる「セラピストがどう行為するのか？」

表1　心理療法場面におけるセラピストの内的・外的活動

セラピストが	「どう考えるのか？」→**基本姿勢**
	「どう行為するか？」→**治療技法**

という点である（表1）。

例えば，心理療法における「基本姿勢・ものの見方」としてこれまで論じられてきたものには，「共感」「中立性」「受身性」「円環的思考」「joining」などが上げられる。また心理療法における「技法」として論じられたものには，「メタファー」「リフレーミング」「認知行動療法」「動作法」など，多くのさまざまな「技法」がこれまで論じられてきている。

しかし，実際の心理療法場面において，セラピストが不自由さや無力感を感じたりするなどして，展開が期待できない閉塞状況に陥っている時などは，上記の「姿勢」と「技法」のどちらかにセラピストの心の重心が偏ってしまっていることが，多く見られるのではないだろうか。

そこで，そこから抜け出すために，「姿勢」と「技法」をつなぎ，それらを包み込む機能が必要になってくる。本稿では，「セラピストが『主体的になること』」がその機能の1つであるとして，その性格付けや心理療法における意義について検討してみたい。

この“主体的”という言葉は，日常的に使われている用語であるため，その時々においてさまざまな意味が盛り込まれてしまう。しかし，筆者は心理療法場面でのセラピストの機能を描く上で，あえて「主体的」という用語を使いたいと考えている。その詳しい理由については後述するが，現時点で「主体的になること」とは，「セラピストが，クライエントとのやりとりの中で得られた素材を利用しながら，セラピスト自らの判断や行為に確信を持って，面接場面を切り拓いていくこと」ということを，「主体的」（「　」つきの主体的）と書き，とりあえず通常使われている意味での“主体的”とは異なるもの，として定義しておきたい。

筆者は，この「主体的になること」を，セラピストが毎回の心理面接に臨む上での1つのキーワードにしていくことで，その心理療法の「流れ」に乗っていくことが可能となり，心理療法をより良く展開できるのではないかと考えている。

ここで2つの事例を提示する。特に心理療法過程において1つの分岐点となった場面を中心に，その中でセラピストの内面にわき起こっている体験である「内閉イメージ」（八巻, 1999）も提示している。その「内閉イメージ」も含めてセラピストが心理療法場面でどのように「主体的に」なっていったかを描くことにしたい。

Ⅱ．事　　例

※セラピストは Th，クライエントは Cl と記す。
〈　〉は Th の言葉，「　」は Cl の言葉，〔　〕は Th の「内閉イメージ」である。

１．事例Ａ：モチベーションを確認した事例

Cl（A氏）は, 40 代後半の会社員。背は高く飄々（ひょうひょう）とした感じの男性であった。初回の面接において Cl は「仕事中に吐き気を感じることがあったので, 病院に行ったら原因はストレスと言われました。私は思い当たらないんですが……薬をもらいましたが，胃の痛みはまだあります。まあ薬では対症療法なので，ストレスは解決できないと思っていたら，上司から「カウンセリングを受けてみたら？」と勧められて，ここに来ました」と淡々とした様子で語った。さらに Cl は，去年 10 月頃の人間ドックで胃潰瘍と診断されたこと，去年３月から新しい部署に異動し，その職場への通勤時間が長く，睡眠時間が短くなり体力的に大変なこと，10 年ほど前から頭痛がひどく，休日には頭痛のため起きられないことがあったこと，などを話した。

初回面接の最後に Th の方から〈では，日常生活のストレスチェックをしていきましょうか。次回お会いする時までに，日常生活の中で心に「引っかかったこと」をみてきて，次回はまずそれについてお話しいただけますか？〉と指示して１回目の面接を終えた。初回面接後，Th の心に残った Cl の態度は〔“とりあえず上司に言われて仕方がなく来た”という感じ〕で,〔Cl はあまりカウンセリングには乗り気ではないのかな？〕という印象を持った。

２週間後, Cl は「引っかかりは３つあります」とやはり初回と同じように淡々と３つの引っかかりを報告した。それは,

①同期の出世を妬ましいと思ったこと
②妻の反応にムッときたこと
③上司の指示に意味も分からずムッとしたこと

であった。そこで，Th が Cl の「引っかかりに対する処理の仕方」をチェ

ックしようと，それぞれの出来事について一つひとつ〈その時はどんな感じでしたか？〉〈それからどうしましたか？〉などと質問をしていったが，それに対するClの応えは「分かりません」「覚えてません」の連発で，ほとんど取り付く島がない感じであった。それは１つの質問をすると一言だけの答えが返ってくるだけというやりとりになっていた。また〈どう思いますか？〉というClの考えを促すような質問をしても，一言「分かりません」という応えが返ってくるだけであった。そのような会話を続けている内に，Thはだんだん〔自分がイライラしている〕のを感じてきていた。〔ただ一問一答の会話をしているだけで，「治療的な会話」にまったくなってない〕面接中はこれほど明確な言葉として意識はしていなかったが，このような不満のようなものがThの心の中に少しずつ溜まっているのを感じた。

Th自身には〔Clは“聞かれた分は答えるけど，それ以上は答えるつもりはないよ”という態度を続けている〕ように見えてきていた。Thの心の中で〔このままこのような会話を続けても意味がない〕という思いが強くなったのを自覚し，さらに〔このClのカウンセリングに対するモチベーションを確認しないと，このままカウンセリングを続けるのは無意味〕とThの中でハッキリと思えたので，Thの方から次のように話を切り出した。

〈Aさんに１つ確認をしたいのですが，もし私の思い違いでしたらごめんなさいね。先ほどからAさんの様子を見ていると，あまりこのカウンセリングに期待していないような感じがするのですが，もしそうならば，率直におっしゃってほしいんです〉。その時Clは，少し驚いた様子で「いえ，そんなことはありません」と答えながらも，次第に少しイライラしている表情に変わってきているようにThには見えた。そこでThが〈ああそうですか。私の誤解ならごめんなさい。ただこの時点で３つの選択肢があると思いますよ。１つは，カウンセリングがあわないという人も実際にいますので「ここでカウンセリングを中止する」ということ。２つ目は，カウンセラーとの相性は必ずあると思いますから「次回は別のカウンセラーにチェンジする」。そして３つ目は「このまま続ける」という３つです〉と述べて，Clにキッパリと３つの選択肢を提案した。

それに対してClは「カウンセラーを変える理由がないから，変えるつもりはありません。結論が出ていないからカウンセリングは続けます」と少し憮然とした表情で答えた。そこで〈ああそうですか。Aさんのお気持ちを聞いて安心しました。では，このまま続けましょう。次回もまた「引っかかり」をお聞きしますので，よろしくお願いしますね〉と伝えて２回目のセッションを終えた。

この回の終了後，Th の心の中では〔言い過ぎたかな，Ａさんを怒らせちゃったな〕〔いやあのまま続けていても，意味ないカウンセリングになっていたよ〕という２種類の気持ちで揺れていた。

その次の回，Cl の表情が前回より少しゆるんでいるように感じられた。さらに，引っかかりに対する質問についても「いや～その時は愕然となりましたよ～」などと前回とは違って生き生きと自分の感情を語るようになっていた。例えば「引っかかりがもう１つあったんだけど……忘れたなあ～」〈そうですか～忘れちゃったんですか～〉「ああそうだ。思い出しました。仕事上でのクレーム処理の違いについて「カチン」ときたんですよ」〈そうなんですか。そんな「カチン」はいつもどう発散しているんですか？〉「そうですね～……」といったように会話もスムーズに流れていった。その後〈今の状況でできる「ストレス発散探し」をしましょう〉という Th の言葉が Cl の腑に落ちた様子で，「うん，そうですよね。何があるのかな？」などと Cl 自身つぶやきながら３回目のセッションを終えた。

そして，次のセッションでは，数年ぶりにずっとやめていた TV ゲームを再開したことを報告。今のソフトは以前のものとは違って「達成感」があって面白いこと，娘や息子も一緒にまたゲームを始めたこと，など TV ゲームを再開したことから起こった家族や自分自身の変化について，初回からは想像できない嬉しそうな表情で Cl から語られた。

最後のセッションでは，「初めの方で，先生がハッキリとご自分の考えを言って下さったので，ここで安心して話して良いんだと思えましたよ。それで徹底的に引っかかりとストレス発散探しができました。あとは自分でやっていけそうです」と Cl が述べ，カウンセリングは終了となった。

２．事例Ｂ：セラピストが「叱る」ことを行った事例

Cl（Ｂ子）は，20 代後半の女性会社員。「自分の思い通りにならないと，ヒステリックになって物に当たったり，大声を出したりしてしまう。自分の感情をコントロールできない。自分の性格に問題があるのではないか」という主訴で，カウンセリングセンターに来所した。

約１年前にも抑うつ状態のため２週間の入院歴があり，現在の恋人との関係も不安定な状況で，インテークの段階で少し抑うつ状態になっていた。すでに精神科には通院していたが，週１回の心理療法も行っていくことになった。Cl が恋人に自宅から電話をすると，次第に大声になり，最後は部屋の物

を投げたり大騒ぎになってしまうとのことであった。夜中まで続くこのような Cl の行動に家族も困りはてている様子だったので，現在の Cl の状態への家族の理解と協力も必要と考え，Cl との個人面接に加えて，両親との家族面接も並行実施していった。

心理療法開始５カ月後は，恋人との関係がさらに悪化し，衝動的に橋の上から飛び降りるなどの行動化が最も激しかった時期であった。両親面接も頻繁に行われ，Cl 本人との面接も間隔を詰めて実施していた。

この時期の土曜日のあるセッションのことである。その日は Cl はぐったりとした様子で両親に抱えられるように入室してきた。〈どうしたんですか？〉と Th が Cl に向かって尋ねると，Cl はうつむき加減のまま「彼と昨日から全然連絡が取れないんです !!」と叫ぶように話した。Cl には冷静さはなく，落ち着かない様子。隣にいた母親が「私が事情をお話します」と娘に気を遣いながら，先週末からの出来事を話し始めた。反対隣にいる父親は悲壮感漂う表情で娘を見ていた。母親の説明によると，先週末もまた夜中に大声で電話をしていたが，そのうち Cl から「お母さんからも彼に言ってやってよ !!」と電話をまわされそうになった。しかし，母親はいっさい電話口には出なかったため，その後 Cl は母親をののしるようになった。翌日には，夜中に突然「今から彼の家に行って来る」と言って飛び出し，明け方帰宅することもあった。その一方で，この１週間 Cl は会社を休まず毎日キチンと時間通り出勤して，仕事は普通にこなして帰宅していた。

そして，昨夜から突然彼の電話がつながらなくなり，Cl がパニック状態になった。今朝（土曜日で会社は休み。面接予約日）になって，Cl が首にコードを巻き付けて自宅の２階から飛び降りたとのこと。一度救急車で病院に運ばれたが，かすり傷程度で大きな怪我はなく，医師の許可があったので帰宅し，予約どおりこの面接にきた。以上のようにこの１週間の一連の出来事を母親が報告した。

Th は，母親の話を聴きながら〔えらいことになったなあ～〕と思い，頭の中はぐるぐると回っていたが，一方で〔何か変だなあ～？　こんな状態でよく会社に行けるなあ～。今日ここにもちゃんと来ているし……〕という気持ちも心の中で起こっているのを感じていた。そこで〔いったい何が起こっているんだろう？〕と考え，とりあえず面接中の Cl や家族の様子を慎重に観察していった。Cl はぐったりとうなだれながらも母親の説明をしっかりと聞いていた。さらに父親の様子も見ると，相変わらず〔悲壮感漂う表情だが“Ｂ子に言いたいけど言えない”という感じ〕が Th に伝わってきた。母親も〔冷静な説明役という役割をとっていたが，どこか“Ｂ子に言いたいけど言えない”という雰囲気〕が父親と同じようにThに強く伝わってきた。その家族全体の様子を見ているうちに,〔この状況じゃ私が何かガツンと言わないと，なんか始まらないかな〜〕という思いが，強くThの中でわき起こってくるのを感じていた。

母親の説明を一通り聴いた後，念のため父親にも〈何かありますか？〉とふってみたが,「いや……」と絶句。それ以上は言葉にならない様子であった。少々の沈黙の時が流れ，その間ThはClをじっくりと見ていると，Clが面接開始直後より（ほんのわずかではあるが）落ち着いてきているように見えた。

そこでThは〔よしやるか〕と腹をくくって，Clに向かって話し始めた。〈あなたは毎日ちゃんと会社に行って仕事ができる力が十分あるのに,何をやってるんですか！　しっかりしなさい!!〉と（Thの感覚としては意識的に力強くそして静かに）「叱った」。それを聞いたClは,驚きながら顔を上げてハッと目覚めた表情になった（ようにThからは見えた)。その表情を確認してから，Thから次の５つの指示を出した。

①しばらく彼とは連絡が取れないと腹を決めること
②月曜からは普通通り会社に行くこと
③彼との問題は両親に頼らないこと
④できるだけ早く以前紹介した心療内科を受診すること
⑤来週は必ずここに来所して今後のことを相談すること

ThがClにキッパリとした口調で以上のことを指示すると，目覚めた表情のClが「ハイ！　分かりました！」とハッキリとした口調で返事をした。両親はClの突然の変化に驚いている様子なので，Thから〈Ｂ子さんもハッキリと返事をしてくれたので，大丈夫だと思いますよ〉と両親に伝えたところ，安心した様子で，Clとともに退室した。

面接後，Th自身の手がふるえていたことに気づきながら，Thの心の中では〔はたしてこの「叱った」ことは良かったんだろうか？〕という気持ちと〔いやちゃんと意識的に「叱った」んだから良かったんだ〕という気持ちでしばらく混乱していた。

１週間後の面接では，Clは別人のように明るい表情になっていた。「先週の先生はとても怖かったです。でも，おかげで私が会社に行くことで，私自

表２　事例Ａ　セラピストの「内閉イメージ」

① Cl の態度が取り付く島がない感じに見えた。
② Th 自身が，だんだんイライラしている感じがした。
③「ただ会話しているだけで「治療的な会話」になってない」という不満が溜まっている感じ。
④ Cl の「聞かれた分は答えるけど，それ以上は答えるつもりはないよ」という態度を続けているように見えた。
⑤「このまま続けても意味がない」という思いが強くなったのを Th が自覚した。

身を支えていたことに気づきました」と Cl は述べて，その後は Cl と Th との間で，彼に巻き込まれていたことや，彼に巻き込まれないための対策，などを話し合っていった。このセッション以降，Cl の行動化は消失し，Cl が自分自身を落ち着いて見つめようとしていく内省的な心理療法へと進展していった。

Ⅲ．考　　察

この２つの面接場面で行われた「モチベーションの確認」「意識的に叱る」というセラピストの介入は，今振り返ってみても，決して最善の介入だったとは思わない。しかし，これらの心理療法がその介入後に進展していったという結果を見ると，決して悪い介入ではなかったとも思われる。提示した心理療法の場面において重要な部分は, セラピストが行った「確認」や「叱る」という介入の内容そのものより，そこに至るまでにセラピストが行っていたことが，その後の心理療法の展開の後押しになったのではないかと考えられる。

ここであらためて，面接場面でのセラピストの心の中にあった「内閉イメージ」，つまり「セラピストの中で感じていたこと・そう見えていたこと」を確認する。事例Ａの２回目の面接では，表２（上記）の通りである。

これらのセラピストの内的・外的な状況を意識し続けたことが,「クライエントのモチベーションを確認することをセラピストが行う」という介入へと自然に流れていったのではないかと思われる。

また，事例Ｂで描いた開始５カ月目のあるセッション場面でのセラピストの「内閉イメージ」は，表３（次のページの上）の通りである。

これらのことが，セラピストには見えたり感じたりしていた。これらセラピストの心の中にある「内閉イメージ」を，セラピスト自身が意識し，確認

表3　事例B　セラピストの「内閉イメージ」

①「えらいことになったな」「何か変だな？」 ② Cl が母親の説明をしっかり聞いている様子に見えた。 ③父親の「Cl に言いたいけどいえない」という雰囲気を感じた。 ④母親も説明役割をとりながらも，父親と似たような気持ちを持っているような感じをもっているように見えた。 ⑤「ガツンと言わないと始まらない」という思いが Th の中で強くわき起こってきた。

しているうちに，結局「叱る」ということにつながっていったのである。

この２つの事例においては，セラピスト自身が「自分の心からわき上がってくるもの」や「自分がそう見えること，そう感じること」など，どんな些細なものであっても「内閉イメージ」を意識し，感じ続けていくという「秘やかな作業」を行っているうちに，「確認する」「叱る」という「介入」を始めるという「決断」が産まれていった，このような形で，この提示した２つの事例のプロセスが流れていったと考えられる。

河合（1970）は，カウンセラーの基本的な態度として「開かれた態度」が必要であるとして次のように述べている。

> カウンセラー自身はクライエントに会っている時に自分の心を開いて，クライエントのみならず自分の心の可能性の世界に対しても開いている態度が望ましい。クライエントの一言半句をも聴き逃すまいという意識的な努力よりも，その場に生まれてくるものを何であれ受け止めていこうという柔軟な態度が必要ではないかと思います。その中でも，もしも腹が立ったら腹を立ててはいけない，ここで怒るようではだめだという考えより，私は，なぜ，ここで腹が立つのかと考える。自分の心からわき上がってくるものは，どんなものでも受け入れて全体を調べればおもしろいではないかというふうな態度の方が望ましいと思います（p.220）。

先ほど提示した心理療法場面でのセラピストは，もしかするとこのような「開かれた態度」だったのかもしれない。しかし，「態度」としては望ましかったのかもしれないが，そこから介入や技法という「行為」にどうつながっていくのかという点が今ひとつ見えにくい。

そこで，心理療法の面接場面一つひとつの状況におけるセラピストの態度や介入は，「その局面でセラピストが『主体的になろうとしていた』ことで，自然な『流れ』が生まれていった」と考えてみたい。つまり，面接場面において，セラピストの「態度・姿勢」と「技法・介入」は，「主体的になること」というセラピストの「発想」あるいは「哲学的スタンス」（Anderson, 1997）によって，つながっていくという考えである。

「主体的になること」を面接場面で意識していくことは，心理療法に臨むセラピストにとっての基本的な「姿勢」を創るものとして，そしてそこから生まれる「技法・介入」への流れにつながっていくためにも，大切な「発想」あるいは「哲学的スタンス」なのではないかと思われる。

ここで「姿勢・態度」と「介入・技法」をつなぐものとして，なぜ「主体的」という言葉を選んだのかを述べておきたい。

まず，『広辞苑（第四版）』で，「主体的」というところを調べてみると，次のように書かれている。

> ある活動や思考などをなす時，その主体となって働きかけるさま。他のものによって導かれるのではなく，自己の純粋な立場において行うさま。

また，木村（1994）は「主体的」ということについて，次のように書いている。

> 状況に密着して状況といっしょに動き，状況の変化に参加する立場から，そこでなんらかの行動を起こす判断を下した場合，それが周囲の多くの人たちの判断と違っていても，それはむしろ「主体的」と呼ばれることになるだろう（p.26）。

日本語の「主体的」という言葉には，「自立的」「中心的」「意志的」「行動的」「能動的」などのニュアンスが一般的にはあるが，上記の２つの例を参考に，あらためて「主体的」という言葉の意味を考えてみると，それだけではなく，「純粋性」「密着」「参加」などのニュアンスも含まれていると考えられる。つまり「主体的」という言葉の中には，自分の純粋な部分を見つめていこうとする姿勢や相手と共にいる，共に動いていくという意味が含まれていると考えられる。

また，Ogden（1994）は，「主観性」よりもその前提となる，自分の体験を自分のものと感じられる「主体性」を重視する臨床理論体系を組み立てている。そのOgdenの著作を訳し，解説した和田（1996）は，「主体」について次のように述べている。

> この主体は，体験世界の中にある人間を示すもので，この体験世界は，５分前のそれとですら大きく変わることもある，常に弁証法的に産み出されるものなのだ（p.17，強調は引用者による）。

このようにOgdenや和田が述べている「主体」とは，弁証法的に生み出され消滅する「生きた流れ・動き」のようなものであると考えられる。
同様の考えとして，河合（2000）は次のように述べている。

> 心理臨床の理論とは，主観性のあり方に関する理論であり，主観性についての反省なのである。…（中略）…心理臨床とは静的なものではなくて，もっと動きのあるダイナミックなものである（p.153）。

> 心理臨床の動きとは…（中略）…逆説を含んでいて，言うならば非常に弁証法的な動きなのである。それは対象的で客観的な動きはなくて，自分が常に関与している動きなので，客観的な正しさという規準を超えており，その意味では失敗さえをも含んでいるのである（p.155，強調は引用者による）。

ここには「主体」という言葉は使われていないが，「主観」や「主体」も同じsubjectという英語ということからも，「主観」を含んだ意味で「主体」ということを考えてみても良いのではないかと思われる。この河合が述べる「心理臨床は主観性の理論」という考えは，その意味でとらえてみると，「心理臨床は主体性の理論」であると考えても良いのではないだろうか。
このように，主体というものは，実体的なものではなく，常に変わり続ける（河合のいう「動き」のような）ものであり，それはOgdenや和田，そして河合も述べているような，弁証法的に生み出されるものなのである。そのため一度「主体的に」なっても，すぐに消滅し，そしてまたすぐに「主体的になること」をめざし続けていくという繰り返しが必要で，その繰り返していくという行為自体も「主体的になること」になっているのだと言えよう。
もう一つ，「主体的になること」と同じ方向性を持つものとして，岡野（1995）の考えを紹介する。

> 治療者が自分という素材，具体的にはその感受性や感情や直観，さらには治療的な熱意などを積極的にかつ柔軟に活用する姿勢は，おそらくどの治療状況においても保たれるべき。
>
> 治療者が「自分を用いる」こととは，治療者が自分という素材，具体的にはその感受性や感情や直観（さらには治療的な情熱）などを積極的かつ柔軟に活用する姿勢である。

このように岡野は，治療者が「自分を使う」ことが，１つの「技法」となりうると述べている。自分の感受性や感情や直観という内的状況を利用するという点で「自分を使う」ことと「主体的になること」はほぼ一致していると考えられるが，「自分にそう見えていること」という外的状況も取り入れた「内閉イメージ」を利用することが「主体的になること」であるから，この「自分を使う」というキーワードは,「主体的になること」の部分集合として含まれていると思われる。

また菅野（2000）は,「面接中の自分の判断に確信を持つこと」これが「感性」とともにセラピストには基本的に大切だと語っている。この「確信を持つこと」も，セラピストが「主体的になること」の一部と考えられる。つまりセラピストが，面接状況で常に「確信を持とうとすること」つまり「賭けること」もまた,「主体的になること」という心理療法が展開する「流れ」に乗せる機能の一部であると考えられる。

このように述べてきても，この「主体的になること」というものが，実体化されたものではなく,「流れ」「動き」のようなものなので，非常に定義しにくいという難点は否めない。

ここで１つのまとめとして,「主体的になること」の完全な定義ではなく，筆者が考えている「主体的になること」の条件を上げてみたい。

①自分の「内閉イメージ」（外的状況と内的状況）を観察していくこと：

外的状況は「セラピストがそう見えていること」,内的状況は「セラピストがそう感じていること」と言い換えられる。それらをじっくりと観察していくことが必要である。

②主体とは内的な動き・流れでもあるから，すぐに壊れるもの。だから常に創り出そうとすること：

「主体的に」決断・行動をしても，その後「果たしてこれで良かったのか」

という反動は，事例でも提示したように起こりうる。面接後に「セラピストの迷い」が起きていることがそうである（これは筆者の優柔不断さという性格も関係しているかもしれないが)。そのように揺れ動きながらも，その次の面接で新たに「主体的に」なろうとすることが大切であろう。

③１回きりのオリジナルであること：

②のことを受けて，このように考えることが大切になってくる。「主体的になること」は１回１回のオリジナルであるから，セラピストは１回の面接ごとに新たに「主体」を創り出そうとするのである。

④繰り返し行為し，繰り返し実現されるもの：

「主体」は変化しながらも同じ「主体」のまま，現象学で言う「差異における同一」「同一おける差異」なのである。だからこそ繰り返していく必要がある。

⑤論理的ではない，反論理的な，弁証法的な態度であること：

「主体」や「主体的になること」を描こうとすると，「外を見ながらも内を見る」「変化しながらも同じである」「創出されながらも消滅する」「決断しながらも迷う」「繰り返しながらも繰り返してない」「流れながらも留まっている」のように，弁証法的に捉えることができる。結局このような思考や態度になっていくと考えられる。

⑥最後は自分の行為に「賭ける」こと・「徹底」すること：

弁証法的といいながらも，最終的にはセラピストはその局面においてたった１つの行為（介入）しかできない。そこにはセラピストの「賭け」（菅野のいう「確信」）が最終的には必要になってくる。

⑦主体＝生命であるから，セラピストが今の自分の（健康・精神）状態を把握していること：

Weizsäcker (1940/1975) は「生きているものはすべて根拠関係を生きている」と述べて，この「根拠関係」のことを「主体性」とも述べた。その考えから「主体＝生命」である。セラピストの生命力がダウンしていると，その分だけセラピストが「主体的になること」が難しくなる。

以上のことを，キーワードでまとめてみると，表４（次のページの上）のようになるであろう。

これらのことを意識していくことが，筆者が現在のところ考える「主体的になること」の条件である。

最後に，セラピストとして「主体的な姿勢」と考えられる１例を紹介した

表４　セラピストが「主体的になること」のキーワード

「観る」「自分を使う」「繰り返す」「徹底する」 「迷い続ける」「選ぶ」「決断する」「賭ける」

い（本橋，1999）。

> はじめから連絡先として自宅の電話番号を知らせ，治療初期並びに抑うつ期には「何かあったら電話をするように」伝えている。
>
> 発表者の経験では，状態の悪いときに集中するものの，治療経過中のべつまくなしにかけてくるということは先ずない。むしろ治療者が回避的・逃げ腰な態度に終始していると，来談者が「電話の洪水」を浴びせてくるのではなかろうか。
>
> 自殺企図や家庭内暴力が頻回な時期には，携帯電話の番号も CL 本人と家族に知らせる。…（中略）…治療者が施設の背後に隠れることなく，直接連絡が可能であることこそ，CL と家族を不安から保護する疎通性のある今日的な“治療構造”の一環といえるのではないか（pp.114-115）。

このセラピストがクライエントへ「携帯の電話番号を教える」という行為は，今までの心理臨床活動の常識を越えたものかもしれない。これは日本心理臨床学会第 18 回大会で「心理療法における電話の利用と工夫」という演題で発表されたものであるが，その学会会場でも「はたしてセラピストはクライエントに電話番号を教えるべきかどうか」という議論だけに終始してしまった。しかし，それはどちらが良いかが問題なのではないと思う。どちらもあり得るのではないだろうか？　セラピストがそのクライエントに会ったときに「そのクライエントがどのような状態に見えるか？」「クライエントのニーズは何であると感じるか？」「セラピスト自身に起こってくる気持ち・感じはどのようなものか？」などといったセラピスト自らの「主体性を働かせて」最終的には,「主体的に」判断することなのだと思われる。その判断は，時にはこのように今までの「心理臨床の常識」を越えるものがでてくるときもあるのかもしれない。

Ⅳ．おわりに

本論文で，筆者が述べてきたことは，曖昧でつかみ所のないものだったかもしれない。これは「主体的になること」というつかみどころのないテーマのせいであると言いたいところであるが，実は筆者の中で現在進行形の考えを書かせていただいたということが本当の理由であろう。このセラピストが「主体的になること」というテーマは，筆者にとって，まだ入口を入ったばかりの状態であることは確かなようである。それゆえ，今後もこのテーマの考察を「主体的に」続けていきたいと考えている。

謝　辞

本論文は，日本ブリーフサイコセラピー学会第10回米子大会で発表した内容に，加筆修正をしたものです。事例の秘密保持のために一部改変していることをお断りしておきます。最後に本発表に関して有益なアドバイスを下さった東京カウンセリングセンター所長の菅野泰蔵先生と，大会当日に座長としてコメントを戴いたコミュニケーションケアセンター所長の吉川悟先生に深く感謝いたします。

文　献

Anderson, H.（1997）Conversation, Language, and Possibilities Apostmodern approach to therapy. Basic Books.（野村直樹・青木義子・吉川悟訳（2001）会話・言語・そして可能性―コラボレイティヴとは？　セラピーとは？．金剛出版.）

Kahn, M.（1991）Between Therapist and Client：The New Relationship（Revised Edition）.（園田雅代訳（2000）セラピストとクライエント―フロイト，ロジャーズ，ギル，コフートの統合．誠信書房.）

河合隼雄（1970）カウンセリングの実際問題．誠信書房.

河合俊雄（2000）心理臨床の理論　心理臨床の基礎２．岩波書店.

木村敏（1994）心の病理を考える．岩波書店.

本橋弘子（1999）心理療法における電話の利用と工夫．日本心理臨床学会第18回大会発表論文集.

Ogden, T. H.（1994）Subjects of Analysis. New York：Jason Aronson.（和田秀樹訳（1996）「あいだ」の空間―精神分析の第三主体．新評論.）

岡野憲一郎（1995）「治療者の自己開示」再考―治療者が「自分を用いる」こと．精神分析研究，39（4），205-207.

菅野泰蔵（2000）私信.

高橋規子（2000）治療者が「『技法』を用いる」ことは可能なのか―社会構成主義に基づく相互作用の検討―．ブリーフサイコセラピー研究９，39-57.

八巻秀（1999）イメージ療法におけるイメージの間主体性．催眠学研究，44（1），19-26.

Weizsäcker, V.（1940）Der Gestaltkreis. Theorie der Einheit von Wahrnehmen und Bewegen. Thieme.（木村敏・濱中淑彦訳（1975）ゲシュタルトクライス―知覚と運動の人間学．みすず書房.）

第２章

スクールカウンセリングにおける「発達障害という状況」への取り組み方

Ⅰ．はじめに

スクールカウンセリング活動に携わる者にとって,「発達障害」の事例に関わらないことはないほど，この「発達障害」という概念は，学校教育の世界に浸透してきました。筆者も，発達障害の診断を受けた，あるいはその疑いがあると言われた子どもやその親との面接をはじめ，いくつかの臨床経験を持ち，それを通して考えるところがありました。

本稿では,「発達障害」というテーマで小論を書きたいと思いますが,「発達障害」というものを，子ども個人の「問題・状態」として捉えるのではなく，発達障害という「状況」（あるいはシステム）と捉えて，その取り組み方について考えてみたいと思います。

最初にスクールカウンセリングにおける１つの事例を簡単にご紹介しましょう。

Ⅱ．「アスペルガー症候群」が疑われた問題行動が絶えない中２男子の事例

中学入学後，たびたび友人関係でトラブルが絶えなかった中学２年生の太郎君（仮称）について，スクールカウンセラー（筆者，以下 SC と略）がある日（X年６月頃）担任の高橋先生（仮称）から相談を受けました。高橋先生曰く,「いつも彼はトラブルメーカーなんです」。そこでSCは太郎君本人と会おうとしますが，本人がかたくなに拒否しました。結局太郎君とは会うこと

ができず，高橋先生とともに太郎君の母親と面接することにしました。母親もまた太郎君が中学生になってから，家庭での対応に困っている様子で，定期的に情報交換も兼ねて面接を継続していきました。

数カ月後，同級生にケガを負わせるという事件をキッカケにして，SC の勧める精神科クリニックを太郎君と母親が受診し，そこで「アスペルガー症候群の疑い」と診断されます。

その後，クリニックの主治医と SC や高橋先生が連絡をとりながら，太郎君に対する教師側の対応のあり方について，２学年の先生方，特に高橋先生や学年主任へのコンサルテーションを中心に，検討する機会を定期的に持つようになりました。

その後も太郎君が起こすトラブルが，しばしば先生方から報告されましたが，一方で高橋先生や太郎君の部活の顧問の先生を中心に「太郎君のような生徒に，どのように対応すれば良いのか，教員全体で知っておいた方が良いのではないか」という機運が，次第に教師間に生まれてきました。

そこで，校長や母親とも相談の上，X＋１年１月上旬に中学校において，教職員研修「アスペルガー症候群について」を実施。アスペルガーに対する一般的な特徴を SC が講義し，その対応の工夫について，太郎君のケース検討を通して議論されました。その研修には，中学周辺の小学校や高校の教師も参加する盛況ぶりでした。

研修会実施後しばらくすると，太郎君への先生方の対応に，ユーモアなどが加わるような余裕が感じられるようになり，また当該学年に限らず，すべての先生方が太郎君を見かけると，積極的に関わろうという意識も見られるようになりました。次第に太郎君のトラブルの報告が減少し，３年生になる頃には，母親からも家庭において以前より妹の面倒を見るようになったり，落ち着いてきたとの報告がありました。

Ⅲ．事例の考察（１）
「言説」「ナラティヴ」の見立てと教育・援助システムの変化

簡単にご紹介しましたが，この事例は，太郎君をめぐる学校側の教育・援助システムの構造が，徐々に変化していったことが，大きな一つの特徴としてあげられます。最初は，担任である高橋先生からの SC への相談という形で始まり，次に太郎君の母親と高橋先生と SC の３人での相談（援助）体制に拡大し，さらにそれが学年の先生方に広がっていきました。そして一つの事件をきっかけに，主治医や学校全体を巻き込んだ形で，太郎君への教育・援助システムがさらに拡大しながら構築されていったと考えられます。

最初，高橋先生をはじめとした当該学年の先生方との話し合いの中で，「太郎君はもしかしたら“発達障害”ではないのでしょうか？　先生（SC）はどう思われますか？」というセリフが先生方から出てきたこともあり，この学校でもすでに「発達障害」という概念は浸透していると考えられました。そのときは太郎君がいわゆる「発達障害」なのかを，SCとして判断することはしませんでしたが，先生方の様子を見ていると「太郎君は発達障害である。だからこんなにトラブルを起こす」という「言説」が，単なる仮説というより，強い確信に近いものになっているように思えました。

ところで，斎藤・岸本（2003）は，「私達が生活している社会や文化を背景として，相互交流的な語りの中から恣意的に作り出される（構成／構築される）」のが「ナラティヴ」という「一つの物語り」であると述べています。

SCはこの事例の初期段階では，常に「目の前の人（先生，母親あるいは学校）のニーズを探る」という意図のもと，情報の収集を中心としたジョイニングを心がけていきましたが，その中で「発達障害」が疑われる太郎君をめぐる教員や母親などの家族の「言説」や「ナラティヴ」の見立てと，どのような「援助・教育システム」が，太郎君（や家族）にとってより良い形なのかに考えをめぐらせていました。

Ⅳ．事例の考察（２）「発達障害」というナラティヴの書き換えと変容

市橋（2006）も述べているように，「発達障害」という診断名は，社会的・政治的要請の中で社会的に構成されたものであると考えられますが，学校現場の中での教員や保護者にとっても「発達障害」という概念は，一つの「ナラティヴ」であると言えるでしょう。それゆえ，それらの定義は，今後も社会構成的に更新される可能性が高いと考えられます。上記のケースでも，学校現場におけるこの概念が，強い「ナラティヴ」になっていることを，SCの初期の先生方へのジョイニングを通して垣間見ることができたのでした。

村田（2007）は，発達障害の子どもたちが十分に学校生活を送れるために，教師や保護者の「適切な理解と支援」が必要であると述べるとともに，これまでの学校システムの中では，この「適切な理解と支援」がなかなか難しかったと指摘しています。その点，今回の事例の場合でも，まずは教員間の太郎君の（「発達障害」というナラティヴをうまく活用できるような）「理解」

が必要であることが，明らかでした。そこでSCが担任の高橋先生とともに職員会議の中でアピールしたり，さらに校内研修会などで教職員の「発達障害」の理解を促進する試みを続けて，太郎君への支援体制を拡大あるいは強化していきました。その際には，太郎君に「発達障害」というレッテルを貼ることが目的ではなく，太郎君には「特別な教育的配慮やプログラムが必要である」という趣旨を伝えていくよう心がけていきました。これらの動きによって，学校全体や家庭での「発達障害」という「ナラティヴの書き換えと変容」（斎藤・岸本，2003）が生じて，学校と家庭が連携した新たな太郎君支援体制の形成へとつながったのではないかと考えられました。

Ⅴ．SCの「発達障害」の対応について「状況サポート」と「つなぎ役」

SCは毎日学校に勤務するわけではありません。それゆえ，「発達障害」の疑いあるいは診断を受けた子どもに対して直接アプローチする方法には，限界があると思われます。それ以上に，毎日関わる親や教師をどのようにサポートするか，あるいはその子の応援（支援）体制をいかに作るかの方が，SCの仕事としてより重要になってくるのではないでしょうか。つまり「発達障害の子どもへの直接的な援助」から「発達障害の（子どもを取り巻く）状況のサポート」へとSCのスタンスをシフトさせる必要があると思われます。具体的には，「つなぎ役」としてのSCの重要性があげられます。学校における「発達障害という状況（あるいはナラティヴ）」では，学校と家族が対立状況あるいは断絶状況になりがちなので，その学校と家庭，あるいは必要に応じて学校と医療機関を「つなぐ役割」が必要になってきます。SCはその「状況」に巻き込まれていない分，「つなぎ役」として機能しやすく，それらを当事者にとって，より良い方向に変容させる力になりうるのではないかと思われます。

Ⅵ．「発達障害」という言説をSCとしていかに捉えるか

このように学校現場に浸透しつつある「発達障害」という「言説」「ナラティヴ」を，「問題」と考えるのではなく，現代の教育における「効用」として考えてみることは可能ではないでしょうか。例えば，子どもの状況に応じた「オーダーメイドな教育の構築」，あるいは「学校と家庭と医療をつないだ新たな教育体制の構築」などが，「発達障害という言説」から生まれてくる可能性のある新しい教育システムとして考えられるでしょう。

一方で，教員やSCが，発達障害の研修を受ける機会が増えているという事実もあり，このことは一歩間違えれば，「発達障害」の診断名が，教育活動で乱用される可能性があることを示唆します。この点については，医師以外の者は，その子ども個人だけの病名や状態名を考えるよりも，「発達障害」という言葉が，まわりも巻き込んだ「状況」「システム」と考えることにより，その「状況」に応じた援助を構築することができるのではないでしょうか。その点で,「発達障害という言説」に対しては「システム」や「ナラティヴ」の観点と発想が重要になってくると思われます。

Ⅶ．おわりに：スクールカウンセリングにおける「ナラティヴ・コンサルテーション」の実践の必要性

現場の教師たちは，本当に生徒を何とか援助・教育したいという懸命な気持ち・熱意がありますが，その熱心さが裏目に働いてしまう場合もありえます。それは学校側が「あるナラティヴ」で捕われているために「問題」が膠着している状況であると言えます。そのような場合に，未来への解決を志向する「新しいナラティヴ」を教師とSCとが，焦らずにともに模索しながら生み出し，その生まれてきたものをチームで共有することが，最も大切な動きなのではないでしょうか。

SCとして，そのような「新しいナラティヴ」を生じさせるために，SCが学校組織に新しい「ナラティヴ」生成の可能性を広げるような振る舞いを提供することが，本論で述べた「発達障害という状況（あるいはナラティヴ)」に関わっていく場合に，まずは必要だと思われます。

このような教員とともに，新たなナラティヴを創造するような「ナラティヴ・コンサルテーション」活動が，今のSCには必要な能力であり，これらのことは，SCが「社会構成主義」あるいは「ナラティヴ・ベイスド・サイエンス」の思考（発想）を持つことで，初めて可能なスタンスなのではないでしょうか。

文　　献

市橋香代（2006）「軽度発達障害」と社会構成主義．ブリーフサイコセラピー研究, 15 (2), 86-96.

村田昌俊（2007）教師として保護者として発達障害の理解を深める．臨床心理学, 7 (3), 339-343.

斎藤清二・岸本寛史（2003）ナラティブ・ベイスト・メディスンの実践．金剛出版.

第3章

スクールカウンセラーとして 学校臨床現場のニーズを汲み取り，引き出し，応える心理臨床とは？

Ⅰ．はじめに

筆者がスクールカウンセラー（以下SCと略）として勤務を始めたのは，2001年4月に秋田大学に赴任してからすぐのことでした。それまで住んでいた東京から秋田という慣れない土地に家族とともにやってきて，新しい秋田での生活とともに，初めての大学の勤務とSC勤務が一気に押し寄せてきて，その当時，頭の中はパニック状態になっていたことを思い出します。

そんな慌ただしい状況の中，勤務し始めた中学校のSCの部屋の本棚に置いていた1冊の本がふと目にとまりました。それは『教育と医学』という小さな雑誌。何気なくそれを開いてみると，そこには以前学会やセミナーなどでご一緒した田嶌誠一先生（当時，九州大学）の論文が掲載されていました。それは「密室カウンセリングよ，どこへゆく―学校心理臨床とカウンセリング（『教育と医学』第43巻5号（1995）＝田嶌（2009）第3章，pp.88-97）」という論文。

「へ～っ！　あの田嶌先生もSCをやってるんだ～！」

それまで「壺イメージ療法の田嶌先生」というイメージしか持っていなかった筆者は，そんな驚きを感じながら，その論文を読みすすめてみたところ，その内容にさらなる驚きと共感を覚え，読み終える頃にはSCとしてのやる気がみなぎってきた（！？）のを，つい昨日のことのように思い出します。

ところで，いきなり話は変わりますが，田嶌先生が書かれる心理臨床論文の「売り」は何だと思いますか？

確実に1つ言えることは，田嶌先生が作り出す「心理臨床家が実感できるキャッチーな言葉」だと思います。

田嶌先生が論文の中で示している心理臨床活動の一端を描く言葉は，例えば「動きながら考え・考えながら動く」「現実に介入しつつ心に関わる」「健全なあきらめ」「節度ある押しつけがましさ」「注文をつける能力」「悩み方」「なんとかなるものだという姿勢」などなど，たくさんありますが，皆カタカナが1つもない，田嶌先生自らの心理臨床活動の中から自然に立ち上がってきたのであろう，わかりやすい言葉がそこにはあります。だからこそ，臨床現場で格闘している者にとって，実感が持てて腑に落ち，皆それを指針として日々の実践に繋げることができる。田嶌先生が伝えて下さる言葉は，そのようなまさに臨床的な言葉になっているのではないかと思います。

2000年から2002年にかけて，田嶌先生は学校臨床関係を中心に論文を量産した時期（わかっているだけで8本！）でした。その頃の筆者はSC勤務の傍ら，それらの論文を貪るように読みながら，田嶌臨床の言葉をかみしめ,「いかに田嶌臨床を自分の心理臨床活動に取り入れていくか」ということを考えていました。

前置きが長くなりました。本稿はこのようなエピソードから始まった，筆者が「SC活動を行いながら，田嶌臨床をどのように取り入れ，実践していったのか」という点について，ささやかながら描き出させていただきたいと思います。

Ⅱ．スクールカウンセラーが学校のニーズを汲み取り，引き出す

SCとして学校現場に勤務し始めて，最初に戸惑うことは，SCとして関わっていく人の多さではないでしょうか。「学校コミュニティ」という言葉もあるように，「学校」という現場は，児童・生徒や教員だけではなく，学校事務員や用務員，給食調理員などのさまざまな職員もいて，皆学校組織を支えています。もちろん，それらの人たちにとどまらず，当然子どもの保護者や近所に住む地域住民など，そしてSC自身も，学校というところをめぐって，いろいろな人々が関わっている場が学校であり，まさに学校は「コミュニティ」なのです。

その学校コミュニティにおいて，そのようなさまざまな人々のあいだで

「人間関係」というものが存在していて，その間で日々さまざまな出来事が起こっています。当然のことながら，学校で起こる何らかの「事例」においても，その当事者に限らず，まわりのさまざまな人間関係が絡んでいて，いわゆる学校現場では日々「人間関係の問題」が生じていると言っても良いでしょう。

例えば，ある生徒の不登校の問題が発生した場合，その事例には不登校状態にある本人だけでなく，そのことを巡る家族関係や，学級内での友人関係なども存在しています。SCとしては，それらのさまざまな「人間関係」も視野に入れながら，当該本人やその家族，担任などへの支援が必要になってくるでしょう。

学校コミュニティ内にいるSCとしては，そこにいる人々の「関係」を無視してのお仕事はあり得ません。そして，いかにそのような人々の関係の中に溶け込んでいくか，家族療法でよく言われている「ジョイニング」の精神は重要になってくるでしょう。

ジョイニング（ioining）とは，元々は「セラピストが，セラピーに来た方々（家族）に上手に溶け込む，あるいは仲間入りすること」（東，1993）という意味ですが，この考え方が拡張されて，家族に限らない「集団の中に溶け込み，集団との良好な関係を作る」ことも，ジョイニングと言われるようになっています。俗に言うと「郷に入らば，郷に従え」の精神，あるいは「相手の土俵に乗ること」とも言えるでしょうか。例えば，単純なことですが，教職員や子どもたちにSCの方からもしっかりと挨拶をすることなども，挨拶を重視している学校文化へジョイニングする上では必須のことだと思います。

ジョイニングがうまくいくと，SCは学校コミュニティに溶け込むことができ，学校コミュニティ内のメンバーである教職員や子ども達との交流も楽になり，メンバーからの情報収集がスムーズになります。結果的に教職員や子ども達とSCとの信頼関係が構築され，学校臨床活動が活性化されると言われています。このように，学校コミュニティというものに溶け込んでいくためには，ジョイニングはSCにとって必要不可欠なスタンスであると言えるでしょう（八巻，2007）。

このジョイニングの考え方や動き方と，田嶌（2009，第4章，p.110）の述べる「動きながら見立てる」「介入しながら見立てる」ということとは，SCとして勤務していた筆者にとって，まったく同じことを指していると思われました。むしろ，それらの田嶌臨床の言葉を頼りにジョイニングを行っていたと言えるかもしれません。

例えば，SCが学校に勤務し始めの頃は，教職員にとってエイリアン的存在のSCに対して，学校の先生方が警戒心を持つのは当然で，いきなり先生方とSCとの会話が弾むというわけにはなかなかいかないでしょう。これまでいろいろな学校にSCとして勤務してきましたが，派遣された最初の頃は，話ができるのは校長や生徒指導主事の先生など一部の教員のみ。他の多くの教員とは，すぐにはコミュニケーションできないことが多かったように思います。

ある中学校では，苦労しながらも当時あった「タバコ部屋」という校内で唯一タバコが吸える秘密の部屋の存在（まあ，今では考えられませんが……）を知り，自分自身はタバコを吸わないにもかかわらず，そこに行って，（シケモクをしながら）用務員さんなどと仲良くなったりしました。そして，そのタバコ部屋での会話から「用務員は見た！」ではないけれども，用務員さんの視点ならではの情報（例えば，あの先生とあの先生は実は仲が良い・悪い。あの生徒はちょっと心配だ。ここの校長はこんなタイプだ，などなど）をたくさん聞けたことを思い出します。それは学校のニーズというよりは，ニーズの原石（？）のようなものかもしれません。そのようなささやかな情報から学校における隠れたニーズを徐々に抽出して事例化でき，そして個々の事例によって，どの先生や生徒にまず働きかけを始めるのが良いか，という見立て（あるいは作業仮説）ができたように思います。まさに「動きながら考え・考えながら動くジョイニング」をやっていたのだと思います。

この例のような用務員の存在を「キーパーソン」と言いますが，学校では日常的にいろいろな事例が起こっている中で，それらの事例情報を把握・提供してくれるキーパーソンもまた学校内に存在しているものです。あるいはキーパーソンが事例への「つなぎ役」をしてくれる場合さえあります。キーパーソンになるのは，どの学校でもある校務分掌，例えば生徒指導主事や養護教諭，教育相談担当や特別支援教育コーディネーターが多いですが，珍しい場合は学校栄養士や前述した用務員という場合もありました。

勤務当初のSCは，まずこれらのキーパーソンと良好な関係を作っていくことが，学校内で心理臨床活動のために必要な情報収集（＝ニーズ把握）につながっていくと考えられます。このような「キーパーソンへのジョイニング」も，田嶌（2009「総論に代えて」p.42）の述べる学校「現場のニーズを汲み取り，引き出す」ということの具体的行動指針の１つと言えるでしょう。

Ⅲ．SC が学校現場のニーズに応えるための見立て

しかしながら，田嶌（2009，第４章，p.101）も「心理臨床が現場の多様なニーズに応えるためには，個人レベル，ネットワークレベル，システムレベルといった種々のレベルへの多面的アプローチが必要である」と述べているように，このニーズというのは単純に把握できるものではありません。

例えば，SC が学校長から「うちの学校は発達障害児による問題が多いので，それに対応してほしい」と直々に言われたにもかかわらず，いざ対応しようと当該生徒の担任にアクセスしてみると,「うちのクラスには発達障害傾向の子はいますが，特に問題はありません」とやんわり拒否される。つまり校長のニーズと担任のニーズのズレがあることがわかる。このような状態では，当然 SC として単純に「ニーズに応える」動きはとれません。それはさまざまな人間が存在する学校コミュニティだからこそ起こりうる事態です。

このような場合，SC はどうすれば良いのでしょうか？

「ニーズに応えられない」時は，その前の「ニーズの汲み取りが足りない」あるいは「レベルの違うニーズの把握が足りない」と考えるのが良いように思います。

前述の例では，校長と担任という２名の個人レベルのニーズを把握しただけ，あるいは田嶌（2009，第４章，p.105）の述べる「個人アセスメント」だけを行っているというものでした。これをネットワークレベルのニーズも把握する,つまり「関係アセスメント」を行っていくためには,まだまだ「ニーズの汲み取りが足りない」,つまりもっと「他の人からの情報収集を行うこと」が大切になってきます。

先ほどの例の場合，筆者ならば，もっと他の先生，特に学年主任や養護教諭といった立場の方々にもアクセスしながら，当該生徒や担任あるいは校長について，さらにそれらの人々の関係についての情報収集を行っていくでしょう。つまり個々のニーズ把握だけに留まらず，個々の「関係」もアセスメントし，その発達障害という「状況のシステム」（八巻，2008）をアセスメントしていくことがポイントとなります（あるいは必要によっては学校全体のシステムのアセスメントが必要な場合もありました）。これは田嶌（2009，第４章，p.105）のいう「常識的システム論」的理解を進めていることになるのでしょう。そのようなさまざまな教員のニーズと関係システム，あるいは学校システムを束ねながら，SC が事例によって実際に行う作業の落とし

所「作業仮説」を見つけていくことになります。

Ⅳ.「常識的システム論」的理解とは

ところで，アセスメントとして学校や関係システムを観察するポイントは，「置かれた状況」「その状況での関係性」あるいは「その場での会話のやりとり」という「コンテクスト（context)」を重視して理解しようとすることです。ちなみにコンテクストとは「場，状況，前後関係，関係性，文脈」などと訳されています。

多くの人は，場面観察や情報収集などを行うと，つい「コンテンツ(contents：内容)」に注目して，すぐに「解釈」「判断」しがちになります。例えば，先ほどの校長と担任だけのニーズの違いを聞いて「校長先生の方針に担任は反発している」「校長は担任を問題視しすぎている」などといった判断をすぐにしてしまうのは,「コンテンツにとらわれている」と言えるでしょう。先ほども述べたように状況はもっと複雑なはずです。

コンテンツにとらわれてしまうと，多くの場合，知らず知らずのうちに人間関係に巻き込まれてしまい，学校現場に限らず，その職場での心理職としての仕事がしにくくなることは，ほぼ間違いないでしょう。

一方，コンテクストを重視したものの見方は，あくまでもその事例で起こっている人々の関係（相互作用）をみていくため,「悪者探し」や「原因追及」などに陥らない,「冷静な・クールな・未来志向的な」ものの見方をすることができます。また，その状況で起こっているコミュニケーションの連鎖（パターン）をみていることになり，その場のシステム論的理解を始めていることにもなります。

ところで，システム論の１つの考え方に「部分は全体のあり方の結果であり，全体は部分のあり方の結果である」というものがあります。上記の例のような校長・担任・学年主任・養護教諭など複数名のメンバーによるシステム（学校システムの一部分）のあり方のコンテクスト的な理解が，学校全体のシステム論的理解につながっていくと，システム論では考えます。俗に言う「周辺の木々を丁寧に見ることで，森全体を想像することができる」ということでしょうか。

つまり，（常識的）システム論による学校アセスメントとは，このような「コンテクスト観察を積み重ねることによる，大まかな学校システムの把握」であると言えるではないでしょうか。そのようにして学校システムを大まかに捉えられると，自然に「この学校では，SCとしてこう動いてみよう」という「作業仮説」が立ち上がり，その「作業仮説」をもとに「ニーズに応える」行動が実行できるのだと思います。

V．SCが学校のニーズを汲み取り，引き出し，応えるために——振る舞い方の留意点

ここまで述べてきたことを整理してみましょう。SCが学校のニーズに応えていくためのSCの振る舞い方について，幾つか列記してみます。

① SC自ら積極的に挨拶することの徹底：
学校は挨拶重視の文化です。まずそこからすべてが始まると言ってよいでしょう。「しっかり挨拶できるSCになること」がジョイニングの第一歩です。

② SCの２つ以上の居場所作り：
SCルームが置かれている学校がほとんどだと思いますが，そこに引きこもっては「関係のアセスメント」や「ネットワーク活用」は不可能です。そのためにはSCのベースキャンプはもう１つ学校内のどこかにもおいてみること。まあ職員室でのSCの机の確保はオススメです。

③教職員との会話空間・時間の確保：
積極的に時間を見つけ，職員室などさまざまな所で，教職員と雑談も含めて会話していきましょう。必要に応じて会議などへ可能な範囲で参加してみるのも良いでしょう。

④学校文化・学校システムの見立て：
前述したようにさまざまな教職員との会話やコンテクスト的な行動観察を通して，「関係システム」～「学校システム」を見立てることができる。まさに「動きながら考え・考えながら動く」ことです。

学校現場において，いろいろな人々のニーズを汲み取り，引き出すという動き，つまり「動きながら考える」ことは，これまで述べてきたように，個々の事例の見立てにとどまらず，学校全体のアセスメントにもなっていると考

えられます。そこまでできれば，あとは行動あるのみ。まさに「考えながら動く」ことがメインの段階になっていきます。

当たり前の事ですが，SC はカウンセラーですから，できることは「会話」です。学校コミュニティ内のいろいろな人と会話をしていくことが，技法以前にまずできることです。そのような会話を誰に・どのようなタイミングで・どのようにしていくかということに配慮していくことが，大切になってくるでしょう。

Ⅵ．心理臨床家としての基本姿勢

SC の基本姿勢として大切になってくるのは，田嶌（2009，第 11 章，p.224）が「原因論にあまり立ち入らない」と述べているように，原因追究（過去志向・悪者探し）思考ではなく，常に「今，私にできること」という現在から未来志向で考えるクセをつけることです。さまざまな事例に対して，多くの場合，保護者も教師もつい「原因は何か」ということを究明したがる傾向は，田嶌（2009，第 11 章，p.224）の指摘の通り，学校現場では多くみられることです。このような「原因論」の考えからは，結局はその問題状況の「解釈」「解説」はできますが，その問題状況の「解決」にはつながりません。

システム論的に言えば，そのような状況は「問題維持システム」になっているとも言えるでしょう。その「問題維持システム」を「問題解決システム」に変えていくために必要なことは，これまで述べてきたように SC が「現場のニーズを汲み取り，引き出す」「現場でコンテクスト重視の観察を積み重ねながら，学校システムを大まかにつかみ，学校システムにジョイニングしていくこと」「今自分に何ができるかを考えながら動き・動きながら考えていくこと」をやっていくことです。この一連の振る舞いによって，ニーズに応える実効的な学校臨床活動が可能になるのだと思われます。

ちなみに SC が学校現場において学校システムを観察していく限り，「SC 自身も含んだ学校システム」をアセスメントしていることを意識することは大切です。そう考えてみると，事例などが「問題維持システム」になっている場合，それを「問題解決システム」へと変化させていくために，まず最初に変化させやすいのは，SC 自身のシステム（＝ SC 自身の考え方と振る舞い）と言えるのかもしれません。それは次のような言葉で表現できるでしょう。

今ある問題状況を変えたかったら，考えながら（ニーズを汲み取り作業仮説を立てながら），動き（自分自身の考えや行動を変える），動きながら，考えなさい。

筆者にとって，田嶌臨床論とシステム論から学んだ心理臨床家としての基本姿勢は，今でもこの言葉に尽きるのかもしれません。

文　献

東豊（1993）セラピスト入門―システムズアプローチへの招待．日本評論社．
田嶌誠一（2009）現実に介入しつつ心に関わる―多面的援助アプローチと臨床の知恵．金剛出版．
八巻秀（2007）ブリーフセラピーが心理臨床家の養成に貢献できることは何か―スクールカウンセリングの現場から．ブリーフサイコセラピー研究，16（1），30-35.
八巻秀（2008）スクールカウンセリングにおける「軽度発達障害という状況」への取り組み方．ブリーフサイコセラピー研究，17（1），56-59.
八巻秀（2011）システム論で学校をみるということ．子どもの心と学校臨床，5，20-28．遠見書房．

第４章

《書評》田嶌誠一著 『その場で関わる心理臨床――多面的体験支援アプローチ』2016年，遠見書房.

心理臨床はこのままで大丈夫だろうかという危機感が，本書を刊行する最も大きな動機である。

この田嶌氏の言葉から本書は始まる。著者は，さらに現在の日本の心理臨床の動向に対して，不満と期待を込めて，有名な映画の名セリフをなぞりながら訴える。

問題は面接室の中で起きてるんじゃない !!　生活の中で起きてるんだ !!

これまで日本の心理臨床は，クライエントとセラピストが密室の中で相談し，解決を探っていくという基本原則をもって，発展を遂げてきたと言って良いであろう。

それに対して田嶌氏が行っている心理臨床活動は，その原則を越えて，密室から脱して，コミュニティやネットワークづくりを行う。その基本指針が「その場」での心理的支援なのである。さらにそれを支えるシステムの形成（児童養護施設の暴力問題への「安全委員会方式」の導入）も行ってきているが，これらを包括して田嶌氏は「多面的体験支援アプローチ」と名付けている。その実践と理論の実例は，是非とも本書とともに，同時期に刊行された著者の編著『現実に介入しつつ心に関わる―多面的援助アプローチの実際［展開編］』（金剛出版）をお読みいただければと思う。

私は，田嶌氏のこれらの考えや活動に大いに共鳴しながらも，ふと立ち止まって考えることがある。それは「なぜ田嶌氏は，このような考え方による心理臨床活動ができたのか？」という素朴な疑問である。

田嶌氏と同僚でもあった九州大学の當眞千賀子氏は「田嶌があらたなアプローチを工夫するのは，それまでの手持ちのアプローチでは応えられないような性質の「切実なニーズ」にぶつかったときである」と述べ，田嶌氏が「動きながら考え，考えながら動く」やり方に，さらに磨きをかけた展開を粘り強く続け，今までになかった仕組みと実践を生み出してきたことを「臨床的プロデューシング」と名付けている。まさに「プロデュースする心理臨床」を田嶌氏が行ってきたという當眞氏の指摘は，大いに納得できる部分はある。

しかしながら，田嶌心理臨床を，後進の我々がそのまま「その場」で行うには，まだ何かしら「心許なさ」を感じてしまうのは，私だけだろうか。この心許なさを田嶌氏のような行動力に変えられるものは何であろうか。

田嶌氏は若かりし頃，国文学者の小西甚一（当時，東京教育大学教授）のもとに行こうと思っていたそうである（大学紛争のあおりで東京教育大学の入試は中止。結局，田嶌氏は九州大学に行くことになる）。その小西氏の名著『古文研究法』（ちくま学芸文庫）の「改訂版のあいさつ」に次のような一文がある。

> 「自分の書いた本には，どこまでも責任を持ちたい」という約束に，私は忠実であった。…（中略）…私は毎年，すこしでも気に入らない所や新しい考えの出た部分があれば，どしどし書き直してきた。…（中略）…十年にわたって書き直したけれど，私の本にはまだ不備があるかもしれない。だが，良心だけは，ぜったい不備でないつもりである。

田嶌氏はこの『古文研究法』を「学問というものに誘ってくれた名著」と振り返っているが，この「自らの良心に忠実に書き直し続ける」という小西氏の学問に取り組む姿勢からも，何かしらの影響を受けたのかもしれない。

この『その場で関わる心理臨床』の最終章のタイトルは「くりかえし，くりかえし，その先に」である。もしかしたら，田嶌氏自身も現場において何かしらの「心許なさ」を持ちながら，常に「自らの良心に忠実に」「くりかえすこと」「更新していくこと」を行っていったのかもしれない。そしてこれらの「自らの良心に忠実に行っていく」姿勢こそが，これからの心理臨床に本当に必要な基本姿勢なのかもしれない。

本書を読み返して，あらためてそう思う。そして，多くの方々に田嶌心理臨床の基本姿勢を引き継いでいってほしい，そう願う。

第２部
催眠臨床における
「かかわり」

第１章

イメージ療法におけるイメージの間主体性

Ⅰ．はじめに――「開示イメージ」と「内閉イメージ」

イメージ研究に貢献した１人であるJung（1921/1987）は，イメージについて次のように述べている。

> イメージは心の全般的状況を凝縮して表すものであって…（中略）…その時々の無意識の状況と意識の状況を表している。

この言葉に代表されるように，今までのイメージ研究は「イメージは，その個人の内的（心的）現実を語っている」という前提でなされてきていると言えるだろう。このことは臨床場面であるイメージ療法で扱われるイメージについても同様で，クライエントの言葉などを通して語られるイメージは，すべて「クライエントの内的現実を語っている」という前提で扱われてきている。

しかし，イメージ療法の中で扱われるイメージは，言語や絵画などの形でクライエントから報告されているものをいわゆる「イメージ」と言っているのであり，そのイメージは，セラピストにも了解できる形で，臨床場面において「開示」されているものである。すると，クライエントの立場から考えてみると，クライエント自らが浮かべるイメージは，イメージ療法中には大きく次の２つの様態に分かれると考えられる。

１つめは，セラピストに報告し通じている，またはクライエントとセラピストがともに共有し了解している「開示されたイメージ」である。そして２つめは，まだクライエントの心の中にあり，セラピストにまだ報告されていない，またはセラピストに通じていない「開示されていない（内閉された）

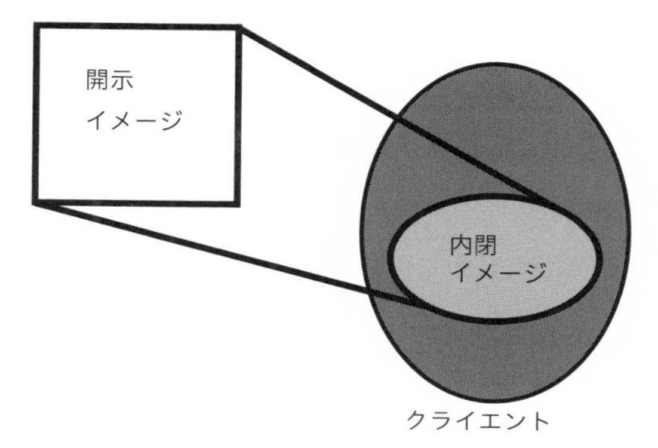

図１　開示イメージと内閉イメージ

イメージ」である。このように区別された２種類のイメージを，これから便宜上，前者を「開示イメージ」，後者を「内閉イメージ」と呼ぶことにする。このように考えると，これまでクライエントの純粋な内的現実を指してイメージと言っていたのは，「内閉イメージ」のことであると言えるだろう（図１）。

笠井（1989）は，イメージ療法中にクライエントが行うイメージの言語化について「それを対象化・客観化することでもあり，その時点で体験の仕方が変わる」という欠点があることを指摘している。このように，クライエントから報告された「開示イメージ」は，クライエントの純粋な内的現実である「内閉イメージ」とは微妙に異なり，「内閉イメージ」がある程度変形されているか，または部分的になっているものが「開示イメージ」であると考えられる。そしてイメージ療法においては，クライエントとセラピストが共に了解している「開示イメージ」が中心に扱われていると考えても良さそうである。

このように，イメージ療法におけるイメージを「開示イメージ」と「内閉イメージ」の２種類に区別することにより，どのようなメリットが考えられるのだろうか。まず「開示イメージ」の特徴から考えていくことにする。

Ⅱ.「開示イメージ」へのセラピストからの影響

前述したように「開示イメージ」は，クライエントとセラピストの両者に共有・了解されているという点から考えてみると，クライエント自身の内的現実だけが表出されているとは限らないのではないだろうか。つまり，「開示イメージ」は，すでにクライエントから報告されている時点で，前述のような変形されるという側面の他に，セラピストからの何らかの影響を受けてしまうという側面があるということが考えられるである。

例えば，転勤などの理由で，セラピストが交代した時，そのクライエントが新しい担当者とのセッションにおいて浮かべるイメージは，セラピストの交代によって，量的にも質的にも変化することが多い。このような例を１つ示そう。

抑うつ状態のために出社拒否となり，精神科クリニックを来院した43歳の男性Ａ氏のイメージ療法において，当初から２年間担当であったセラピストＢが転勤するため，セラピストＣ（筆者）に交代した。表１は，そのセラピストＢとＣの交代時の直前と直後それぞれ10回のセッションの中で，クライエントから（言語によって）報告されたイメージ場面を種類ごとに分類し，そのイメージ場面が想起された頻度を調べたものである。この表１を見ると，セラピストがＢからＣに交代したことにより，イメージ場面の頻度や内容がともに変化していることが分かる。この例からもクライエントがイメージ両方の場面で報告する「開示イメージ」には，セラピストが何らかの影響を及ぼしている部分もあることが十分に考えられる（図２）。

また，広い意味でのイメージ療法と考えられる箱庭療法などでも，セラピストが「クライエントの無意識に開いた態度でいること」により，クライエントの作る箱庭が自分でも思いがけない表現が生じてきたり，思いがけない発展や変更が生じたりする場合があることは，箱庭療法の経験者なら誰でも感じたことがあると思われる。これを河合（1991）は「外在化されたイメージ」と呼んでいる。このような箱庭などにおける「外在化されたイメージ」は，まさにクライエントとセラピストとの「あいだ」にある開示されたイメージと言えそうである。これは箱庭療法に限らず，どのイメージ療法においても同じようなことが言えるのではないだろうか。

これらの例からも，「開示イメージ」は，クライエントの「内閉イメージ」を変形したという側面とともに，セラピストから影響を受けている側面があると言える。よって，これら２つの側面から「イメージ療法中の『開示イメージ』は，クライエントとセラピストの『あいだ』にある」という設定をしても良いのではないかと思われる。このように,「開示イメージ」がクライエントと治療者の「あいだ」にあると考えるからこそ,「イメージを治療場面でのコミュニケーションの手段としていくことを可能とする」(笠井, 1989)という利点があるとも言えるのだろう。

表１　Ａ氏のイメージ場面とセラピストごとの想起頻度（回数）

イメージ場面	セラピストＢのセッション	セラピストＣのセッション
家の中に自分。外にはセールスマンがいる。早く帰ってほしいと思っている。	12（回）	2（回）
小学４，５年の自分。先生から問題を出されたが，答えは分かるのに手をあげない。	6	3
職員室のドアの外に立っている小学４，５年の自分。緊張のため、ドアを開けられない。	3	0
会社の入社式で自己紹介している。とても緊張している。	6	2
本屋にいる現在の自分。ゆったり落ち着いた感じ。	1	2
駅のホームでぼーっとした自分が電車が来るのを待っている。	0	3
電車の中で先輩を見かけたが，引っ込み思案で声をかけようか迷っている自分。	0	3
のんびりとした気持ちで図書館に行こうとしている自分。	0	2
子供を連れて出かけようとしているが，あまり楽しそうじゃない不機嫌な自分。	0	4

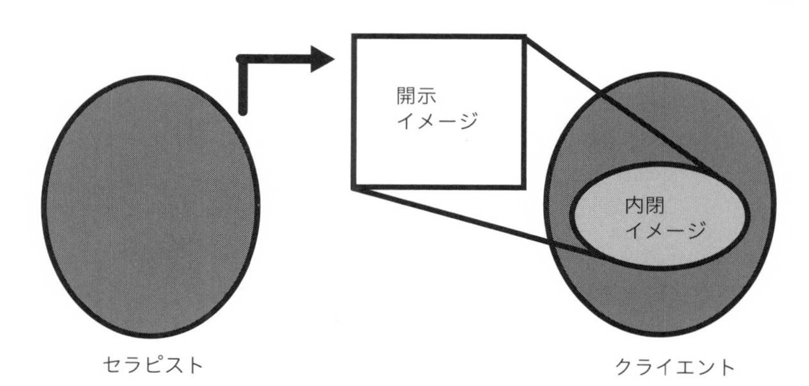

図２　開示イメージへの治療者からの影響

以上のことから，イメージ療法において，そこで起こっている現象をみていく際には，クライエントが報告する「開示イメージ」に対して，セラピストが影響を与えている部分も十分に考慮していく必要があると考えられる。

Ⅲ．「開示イメージ」の間主体性

ところで，近年の臨床心理学の発達は「人がどう変化するのか」という transformation の問題に加えて，「人が人にどう関与するか」という participation の問題を考えるようになってきていると言われている（大塚, 1985）。つまり，人間を一個の全体的存在としてみて，ある現象を研究しようとする時, 観察者（セラピスト）と被観察者（クライエント）との「関係」を不問にすることはできないし，その関係のあり方を利用してこそ研究が進むと考えられるのである。つまり観察の中心をクライエントだけ（またはセラピストだけ）におく「one-person model」ではなく，クライエントとセラピストを一体のものとして捉えて観察できるモデルである「two-person model」を考えていくことが，臨床心理学研究では重要である。

その中で注目したいのは，主に精神分析で取り上げられている「間主観（主体）性 intersubjectivity」の考え方であろう（Stern, 1985; Stolorow et al., 1987/1995; Ogden, 1994）。その中でも Ogden（1994/1996）は，分析家（セラピスト）と被分析者（クライエント）という２つの主体の「あいだ」を指す語として「間主体（intersubjective)」を用いている点が特徴的である（間主観と間主体の違いについては，和田（1995）を参照)。筆者はこの「two-person model」である「間主体性」の考え方は，精神分析療法だけでなく，イメージ療法を含めすべての心理療法において適応できる考え方なのではないかと考えている。

これまでのことをまとめると，イメージ療法における「開示イメージ」は，クライエントの心的内界の産物としてだけではなく，クライエントとセラピストの相互交流する体験世界の接点の産物として理解していくことになる。このように，クライエントとセラピストとの「あいだ」に「開示イメージ」があり，さらにそれが治療的な文脈を持ち始めた時，その性質を「イメージの間主体性（intersubjectivity of imagery)」と呼ぶことにしたいと思う。

Ⅳ．セラピストの「内閉イメージ」

では，イメージ療法において，セラピストが「開示イメージ」に影響を与える，あるいは逆に「開示イメージ」からセラピストが影響を与えられる部分を見ていくにはどうしたら良いのだろうか。

ここで，今まで触れなかった「内閉イメージ」について取り上げたいと思う。

クライエントの「内閉イメージ」は，クライエントの心の中にあり，まさに内閉されているために，基本的にはセラピストには分からないと考えられる。それゆえイメージ療法の中で，セラピストがクライエントの「内閉イメージ」を扱うことは，ほぼ不可能と考えた方が良いだろう。しかし，ここで考えるのは，セラピストにはわからないクライエントの「内閉イメージ」ではなく，セラピストの「内閉イメージ」を扱うことなのである。セラピスト自身が自らの「内閉イメージ」を扱うことは可能だと考えられる。つまり，セラピストの「内閉イメージ」が，間主体である「開示イメージ」に対して影響を及ぼしたり，「開示イメージ」から影響を受けたりしていると考えられ，その点を重視していくのである（図３）。

このように，「開示イメージ」と「内閉イメージ」が相互に影響を及ぼし合っているということを考える点で，セラピストの「内閉イメージ」は，いわゆる「逆転移」といったような，セラピストがクライエントに反応して起こる独立した事象として捉えることとは違ってくる。つまり，「内閉イメージ」は「開示イメージ」との相互作用の中で現れているものと考えられるのである。それゆえに，セラピストが自ら意識できる「内閉イメージ」は，視覚イメージの他に「想い」「身体感覚」「感情」など，セラピストの内面に湧き起こってくる体験すべてを指して良いと思われる。

では，イメージ療法中にセラピスト自身の「内閉イメージ」はどのように現れ，それをセラピストは実際どのように扱うのだろうか。

ここで２つの事例をあげてみる。第１例では，セラピストが自らの「内閉イメージ」を捉え，それを指針としてイメージ介入が行われている過程を描

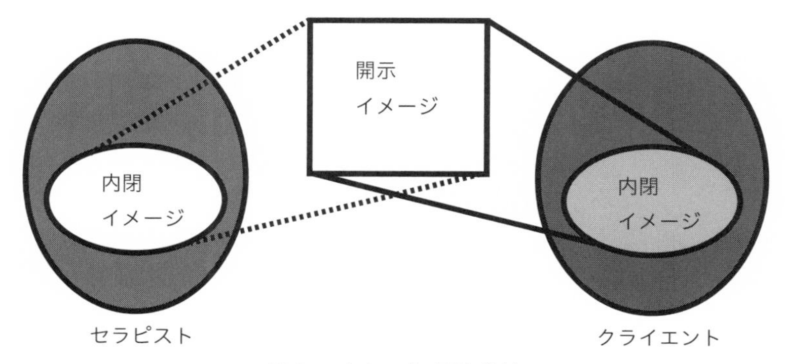

図３　イメージの間主体性

く。そして第２例では，セラピストの「内閉イメージ」とそれが身体化したセラピストの「眠気」という媒介を通じて，セラピスト自身に洞察が得られ，それをセラピーに取り入れていく過程を提示している。

（以下，クライエントの言葉は「　」，セラピストの言葉は〈　〉，セラピストの想いは［　］で示す。）

Ｖ．事　　例

事例１．イメージによる探検

「職場の後輩から仕事の帰りにおそわれるんじゃないか」という思いから会社を休みがちになり，抑うつ神経症と診断された27歳のクライエントのＤ氏は，どこかいつも怯えているような表情で線の細い印象の男性であった。

セラピーの１年目は上述の被害関係念慮的な不安を語り，それに加えて上司に対する「監視されているような，怒られるんじゃないか」という怯える気持ちなどを切々と繰り返し訴え続けた。当初から抗不安薬を処方し，イメージ療法を並行して行いながら，弛緩による不安の制止をとりあえずの治療目標とした。すると，徐々に恐怖感は軽減してきたが，「職場で雑談に入っていけない。何か浮いている感じがする」などといったクライエント自身の内面の弱さに焦点が当たってきていると思えるような言葉が多くなった。そこで，クライエントが自発的にイメージを浮かべていく方法に切り替え，想起されたイメージを力動的に観ながら関わっていくことを重視していった。

２年目のあるセッションのイメージ療法中に，Ｄ氏は「大きな洞窟の入口に立っている自分」というイメージを想起した。これまでのセッションでは，ほとんど「職場でのイメージ」の場面しか想起していなかったので，そのイメージを聞きながら，セラピストには［このようなイメージを浮かべるのは，珍しいな～］という思いとともに，セラピストの頭の中に“探検”という言葉が浮かんできた。また，さらにそれまでＤ氏が，小さい頃から厳しい父親に育てられ，あまり遊んだ記憶が少ないと語っていたことなども，セラピストには思い出された。

そこでセラピストは［イメージの中で“探検遊び”をしてみよう］と考え，〈そこから続きの場面が見えてきます。場面が展開していきますよ〉と教示した。するとＤ氏は「……無心で奥へ進み始めました」と応え，イメージの中で洞窟を探検し始めた。その間Ｄ氏は「まだ全然先が見えません」などと不安を述べたりもしたが，その時セラピストはＤ氏の不安に引きずられず，穏やかな気持ちでいたこともあり，［まだもう少し探検は続けられそうかな］と思えたので〈もうすぐ何か見えてきますよ〉とＤ氏を勇気づけるような教示をしていった。その後，イメージの中でＤ氏は次第に落ち着き，それとともに洞窟の中の様子が見えてきたようであった。「……水の音が聞こえてきました」〈何か見えますか？〉「……滝が見えてきました。……その奥に湖が見えてきました。きれいな水です」〈どんな気持ち？〉「気持ちが良いです。とてもリラックスした気分です」

このようにイメージは，クライエントやセラピストが思いもかけずに展開して，イメージの中で洞窟の奥のきれいな湖まで進むことができた。セラピー後にイメージの感想を聞くと，Ｄ氏は「先生から「続きの場面」と言われて，ちょっと冒険してみようかなという気持ちになりました。不安でしたが，先生が後ろに付いてくれていたように思えたので，だんだん落ち着いてきたように思います。奥のきれいな湖が見えたのは自分でも意外でしたが，その中ではとても良い気分でした」と述べた。

事例２．セラピストの眠気

Ｅ氏は，30代後半の男性で建築関係の仕事に就いていたが，常に「自分の体はどこか悪い病気なのではないか」という不安を感じているということで，イメージ療法を始めたクライエントである。Ｅ氏の身体症状は，肩こり，頭痛，腰痛などというものであったが，セラピー開始当初は「これは自分の血液の濃度が濃いからじゃないか」などと心気症とも思える思考をしており，それに伴う緊張感でリラックスできず不眠気味にもなっていた。３年にわたるイメージ療法により，Ｅ氏の身体症状は軽減したが，それに伴う不安や緊張感の状態はあまり改善しなかった。その頃のＥ氏とのセッションにおいて，セラピストは次第に強い眠気に襲われるようになった。セラピストは何度もそれと戦いながらイメージを傾聴していたが，あまりにも同じＥ氏とのセッションの時だけに眠気が起こっていたので，セラピストは［何かこの眠気は意味があるのではないか？］と思うようになっていた。

そこでセラピストが眠気を覚え始めたところをカルテに明記するよう心がけてみた。すると眠気を感じ始めるイメージ場面の中でのＥ氏の年齢はほとんど小学生くらいであることがわかってきた。あるセッションの中で想起したＥ氏のイメージは「潮干狩りしている。小学校低学年くらいの自分が浜辺でカニを追いかけている。なかなか捕まえられなくてイライラしている」という場面だった。それを聞きながらセラピスト自身は眠くなりそうな感覚の中で「海の中にふわふわと浮かんでいる」という感じを自分の中でイメージしていた。それは“不安のない，くつろいだ感じ”のように思えた。そこでそのセッションの最後の方に，Ｅ氏のイメージ体験を確かめる意味で〈最近はイメージを見ている時はどんな感じですか？〉と尋ねてみると,「悪くないですよ。途中で眠たくなることが多くて，気持ちが良いです。イメージの後はそのせいかスッキリしますね」と答え，さらに「そういえば，小学生の頃のイメージって以前はあまり出てこなかったのに，最近は多くなったかな」とも述べた。このＥ氏の言葉と上述のイメージの中でのＥ氏の感情体験から,セラピストとクライエントが，イメージ中はほぼ同じような体験をしていること，そしてセラピスト・クライエントがともにトランスに入っていることが確信できた。

この確信から,セラピストは[眠気と戦う必要はないんだ。これはセラピーの展開上，自然な流れなんだ］と思えるようになった。このセッションの後には，やはりセラピストが眠気を感じることは度々あったが，その感覚をセラピスト自身が楽しめるようになったのは大きな違いであった。そして，このセラピストの眠気に対抗する努力をあきらめ始めた時期と，それまで変化のなかったクライエントの不安と緊張感が，多少の波はありながらも軽減していった時期は，ほぼ重なっていた。

Ⅵ．考　　察

１．セラピストの多様な「内閉イメージ」体験

前述の２つの事例は，ともにセラピストが，イメージ療法中に生じているセラピストの「内閉イメージ」にも注目して，自分の「内閉イメージ」とセラピー場面にある「開示イメージ」を結びつけ，利用していく作業を行っている。

事例１では，セラピストは,“探検”という言葉が頭の中に浮かんできたり,穏やかな気持ちで［もう少し続けられそうかな］と思えたりしている。実際,イメージ療法中にセラピストは，このようなさまざまな「想い」という形の「内閉イメージ」体験をしているものである。そして事例１では,これらのセラピスト自身の「想い」に支えられながら「開示イメージ」が展開していくことができたと言っても過言ではないだろう。つまり，セラピストの「内閉イメージ」の一種である「想い」をセラピスト自身が意識し，それを「開示イメージ」と結びつけて考えていくことにより，クライエントが「開示イメ

ージ」の中で，探検遊びをすることが可能になった。そして，それは同時にクライエントにとっても，ポジティブなイメージ体験となり得たと考えられるのである。

また，事例２で示した眠気などのような「身体感覚」も一種の「内閉イメージ」あるいはそれが身体化したものと考えて良いと思われる。そして事例２では，この眠気とセラピストの「想い」から洞察したことによって，その後の展開が起こり得たとも考えられる。つまり，セラピストの「内閉イメージ」である眠気という「身体感覚」を通して，クライエントとセラピストがともにトランス体験（森山，1997）をイメージの中でしている，あるいは治療的な退行（Balint, M., 1968/1978）が起きていることをセラピスト自身がうかがい知ることができ，さらに，セラピストの眠気に対する戦い（不安と緊張感）とクライエントの症状（やはり不安と緊張感）とが共時的に起こっていたことに気づくことができた。そして，セラピストが自分自身の眠気に対する態度をゆるめたことによって，クライエントの固着していた症状の変化が起こっていったと考えられる。

以上のように，事例１，２ともに，セッションの中で開示された「開示イメージ」とセラピストの「内閉イメージ」とのつながりを意識していくことが，イメージ療法における展開点になっていったと考えられそうである。

先述したように，セラピスト自身は，イメージ療法中に「想い」「身体感覚」「感情」などさまざまな「内閉イメージ」体験をするが，これらのセラピストの内面に起こる「内閉イメージ」は，否定・消去すべき単なる注意散漫や雑念などではない。むしろそれをセラピーに生かすように，セラピストは「開示イメージ」だけでなく，常に自らの「内閉イメージ」にも注意を向けていく必要があると思われる。

２．「内閉イメージ」の共時現象

前述の２つの事例で示したように，セラピストとクライエントそれぞれの「内閉イメージ」は，セラピー場面でほぼ「共時的」に起こっていると考えられる（例えば，事例２での眠気はクライエントとセラピストがともに感じていた）。このことから，セラピストやクライエントの「内閉イメージ」の現象は，クライエントとセラピストの「あいだ」にある間主体的な「開示イメージ」から両者が影響を受けたことにより，共時的に起こっているとも考えられる。

藤原（1980）は，イメージ治療中のセラピストの内的体験をあたかもクライエントが代弁しているような治療関係上の心理的現象を「イメージ共感現象」と述べている。その中で藤原は，クライエントとセラピストが共感する「感情体験」という点について述べているが，筆者はイメージ療法の中では「感情体験」だけでなく，「想い」や「身体感覚」なども含めた「内閉イメージ」が，共感（あるいは共時）的にセラピストやクライエントに起こっているのではないかと考えている。要するに，イメージ療法の中では，そこで繰り広げられる「開示イメージ」の間主体性の影響で，クライエントとセラピストそれぞれが「内閉イメージの共時現象」を起こしていると言えるのではないだろうか。その「共時現象」において，先述したように，セラピストが自らの「内閉イメージ」をとらえていったり，その「内閉イメージ」を「開示イメージ」への介入などに利用したりすることが，イメージ療法中にセラピスト自身が行う作業であると考えるわけである。

以上のように，「内閉イメージの共時現象」が起こっているイメージ療法中に，セラピストが自らの「内閉イメージ」と治療場面にある「開示イメージ」を意識しつなげていくことを行う作業を，「インテグレート integrate」と呼ぶことにしたい。このセラピスト自身が行うインテグレートする作業は，イメージ療法においてセラピストが行う最も重要な治療的な態度・姿勢であると考えられる。

３．「インテグレート」の意義

では，なぜセラピストが自らの「内閉イメージ」と「開示イメージ」をインテグレートすることが治療的なのだろうか。これには２つの理由が考えられる。

１つは，セラピストがクライエントのモデルとして機能するという側面である。それは，セラピストがインテグレートすることによって，クライエントにとっては，セラピストをモデルとして，クライエント自身の「内閉イメージ」と「開示イメージ」とのつながりを感じていくことができるのではないかと思われる。それは最終的には，セラピストとクライエントとの間主体的な「開示イメージ」を通してのコミュニケーションが可能になると考えられる。

神田橋（1988）は「患者の内部のイメージ界（「狭義のイメージ」）と，意識的世界とのコミュニケーションが可能になることが，究極の治療過程であり，それと類似のコミュニケーションが，治療者と患者との間に「イメージ的なもの」を通しておこなわれた時に，はじめて治療的なのだ」というイメージ治療論を述べている。筆者には，セラピストとクライエントが「開示イメージ」を通してコミュニケーションするためには,「内閉イメージ」と「開示イメージ」との間の相互交流が，セラピストとクライエント両者ともになされる必要があると思われる。そのためのセラピスト側のインテグレートの作業であり，セラピスト側が行うからこそ，それが治療的態度なのだ，と考えるのである。

２つめの理由は，インテグレートすることで，セラピストがクライエントのイメージに巻き込まれず，ほど良い心的距離を保つことができるため，セラピーが「イメージ嗜癖状態」になっている時をいち早く察知することができると考えられる。事例２のセラピストが眠気と戦っているというイメージ療法中の状態は，ある意味では「イメージ嗜癖状態」になっていたと考えられる。また「イメージ嗜癖」とは,「開示イメージ」が間主体的にならず，セラピストとクライエントが相互内閉的になっている状態であるとも言えるかもしれない。その状態を察知して抜け出していくことも，イメージ療法が展開していくために必要なことだと思われる。セラピストのインテグレートは「イメージ嗜癖状態」をセラピストやクライエントにも気づかせ，「開示イメージ」の間主体性を取り戻させる作業になるのではないかと考えられる。

以上のように,「イメージの間主体性」やセラピーにおける態度としてのセラピスト自身のインテグレートする作業を検討することにより，ただクライエントにイメージを浮かべさせることによって治癒するという「one-person model」によるイメージ治療論ではなく，「two-person model」によるイメージ治療論が考察された。今後さらに，「イメージ療法の「two-person model」による治療論」が検討され，体系化していくことができるのではないかと期待される。

文　献

Balint, M.（1968）The Basic Fault：Therapeutic Aspects of Regression. The Tavistock Publication.（中井久夫訳（1978）治療論からみた退行—基底欠損の精神分析．金剛出版.）

藤原勝紀（1980）三角形イメージ体験法におけるイメージ共感現象．催眠学研究, 24（1), 13-19.

Jung, C. G.(1921）Psychologische Typen. Rascher Verlag.（林道義訳(1987)タイプ論．みすず書房.）

神田橋條治（1988）発想の航跡　神田橋條治著作集．岩崎学術出版社.

笠井仁（1989）催眠とイメージ療法—イメージの体験様式の変化と治療上の諸問題．催眠学研究，33（1)，30-35.

河合隼雄（1991）イメージの心理学．青土社.
森山敏文（1997）トランスの治療的意義――臨床催眠の立場から．催眠学研究，42（1），25-31.
Ogden, T. H.（1994）Subjects of Analysis. Jason Aronson.（和田秀樹訳（1996）「あいだ」の空間―精神分析の第三主体．新評論.）
大塚義孝（1985）心理臨床学の独自性―そのあかしの背景にあるもの．心理臨床学研究，3（1），1-5.
Stern, D. N.（1985）The Interpersonal World of the Infant: A View from Psychoanalysis and Developmental Psychology. Basic Books Inc.（小此木啓吾・丸田俊彦監訳，神庭靖子・神庭重信訳（1989）乳児の対人世界―理論編．岩崎学術出版社.）
Stolorow, R. D. & Brandchaft, B. & Atwood, G.（1987）Psychoanalytic treatment: An intersubjective approach. The Analytic Press, Inc.（丸田俊彦訳（1995）間主観的アプローチ―自己心理学を超えて．岩崎学術出版社.）
和田秀樹（1995）二つの intersubjectivity，ストロロウとオグデン．イマーゴ，6（5），244-245.

第2章

「関係性」という視点から見た催眠臨床
――トランス空間とオートポイエーシス

Ⅰ．はじめに

M・エリクソンの弟子の一人であるオハンロン O'Hanlon, W.H. は，自らが行った「利用アプローチ utilization approach」の一例として，次のような10歳の学校恐怖症の子どもへ催眠誘導した場面を紹介している（O'Hanlon & Martin, 1992/2001）。

> 数唱技法で誘導を始めると，少年は突然クスクスと笑い出した。そのときオハンロンは次のように話し始めた。「笑っているのは，トランスに入る良い方法かもしれません。……18……というのは，大人はたいてい催眠というものをあまりにも真剣に考えてしまう癖があってね。催眠についてあまりにも堅苦しく考えてしまう。17……そして，笑っていることは君にとって，トランスに入っていくとても良い方法だと思うよ……16。

このようにクライエントの示した行動を，セラピストが工夫して利用することをエリクソニアンは「利用アプローチ」と呼んで提示している。

素朴な疑問として，オハンロンはなぜこの場面・この瞬間に，このように振る舞えたのだろうか。頭の中に「利用アプローチ」という発想が元々あったから，自然にそう振る舞えたのであろうか。この「利用アプローチ」という技法の名前は，あくまでもやったことの後付けのようにしか思えないのは，私だけだろうか。

オハンロンがこのように振る舞えたのは，まさにその催眠誘導の状況下で起こっていることを受け入れることができる，催眠ならではの“何か”があったからなのではないだろうか。この“何か”の部分に入るさまざまな要素を考えられるところが，催眠臨床のおもしろさなのかもしれない。

本稿では，基本的にこの“何か”の部分に「関係性」や「相互作用」そして「トランス空間」という言葉を当てはめてみることにする。催眠現象を利用した作業が行われている状況・空間をあらためて「トランス空間」と捉えてみることの意義について，あるいは催眠臨床を「トランス空間における関係性」という視点から考えてみることによって，催眠臨床研究に貢献できるものは何かを考えてみたい。

Ⅱ．催眠における「状態」「技術」への関心

「催眠とは何か」と問われた場合，次の斎藤（1987）の示している定義が一般的に捉えられているものであろう。

> 催眠とは，人為的に引き起こされた意識の変容状態であって，種々の点で睡眠に類似しているが異質のものである。被暗示性が著しく高進するので，覚醒時に比較して，運動，知覚，思考などの異常性が一層容易に引き起こされるような状態をさして言う。

また，佐々木（2001）も催眠の定義として，「儀式的な，一定の催眠導入手続きによって導入された人間関係を伴う変性意識状態，つまりトランス状態ないしはラポールが深まって，相手の影響力を受けやすい特有の人間関係が形成されている状態であって，そこでは，被催眠者は，催眠者による暗示に反応して，知覚，認識，感情，思考，記憶，行動など，人間としてのあらゆる活動における変化を体験することが可能になる」と述べている。このように２つの定義をあげてみても，催眠はその「状態」が最も中心的な要素であり，上記のようなトランス「状態」そのものに関する研究や催眠状態における異常性などに研究者の大きな関心が向けられ，これまでも数多くの研究がなされてきていると言って良いであろう。

また，催眠そのものの歴史的系譜を遡ってみても明らかなように，メスメル Messmer, F. A. が医療の手段・技術として催眠を用いて以来，臨床研究においてもこれまで精神医学や心身医学の領域における１つの治療「技術」と

して催眠療法が利用されてきている。これはセラピスト側の積極的行為・関与によって，クライエントに望ましいものを提供するという基本的な医学モデルとしての考え方がその背景にあり，その延長線上に催眠が用いられたためだと思われる。それゆえ，これまでの催眠臨床に関する研究は，その催眠（トランス）状態を引き起こしたり，その状態下で使用する治療技術などに関する研究報告などが多く見られる。その結果，まるで打ち出の小槌のように，その後のさまざまな心理療法の技法（例えば，自律訓練法，動作法，ブリーフセラピーなど）を生み出すことになったと言えよう。

以上のように催眠「状態」に焦点を当てて考えることによって，これまでの催眠研究は進められてきたし，その「状態」を引き起こしたり，その「状態」で治療展開させる「技術」を考えることによって，催眠療法（それに留まらない心理療法）のさまざまな技法は開発されてきたと言えるであろう。

一方で催眠に対しての批判の多くが「操作的」であるというものがある。このような催眠によって他者をコントロールしてしまうという「神話」は，心理臨床の専門家にさえも一部には定着してしまっているようである。また催眠によって一気に問題や症状などを排除できるという，主にクライエントが多く持ってしまう「魔術的期待」なども催眠に対する偏見だろうし，この期待が大きすぎるがゆえに催眠に対する失望感や依存感も大きくなったりする。

これらのことは当然誤解を伴っているものであり，そのような誤解や偏見を取り除く努力をむしろ催眠臨床家や催眠研究者などの専門家が行っていくことが必要ではないかと思われる。

しかしながら，その誤解を生む元はむしろ催眠専門家側の催眠への「状態」や「技術」への関心の高さからもきている部分もあるのかもしれない。当然のことながら，催眠現象には「状態」「技術」以外にも有用な要素がたくさんあり，専門家の催眠への関心の対象を他の要素にも向けることで，偏見の少ない催眠に関する論議や臨床が可能になるのではないだろうか。このような催眠の有用な要素の１つとして催眠臨床における「関係性」をあげることができる。では，次にこの催眠臨床における「関係性」について考えてみたい。

Ⅲ．催眠臨床における「関係性」のモデル

問題（病気）の原因を探し出し，それを取り除き，人々を安心させる（治療する）という医学モデルは，催眠研究や催眠臨床の中に浸透している考え方である事は先に述べた。しかしながら近年，治療論として医学モデルある

いは自然科学モデルだけではなく，臨床心理モデルあるいは「心理臨床の現場からのモデル構成」（下山，2000）ということが，取り沙汰されるようになってきている。これは既製の理論を参照モデルとして利用していくというだけではなく，現場の経験から新たなモデルを生成し，構成していく研究のあり方である。この動きに導かれるように，催眠臨床においても「現場からのモデル構成」を行っていこうとする動向が生じている。その１つとしてあげられるのが，催眠臨床におけるセラピストとクライエントの「関係性」を重視するという動きである。これは催眠臨床現場では一方的に催眠をかける・かけられるという感覚より，セラピスト・クライエント両者の相互交流の中で催眠という作業が行われているという感覚からくるものであろう。

例えば，松木（2003）は「催眠状態をセラピスト－クライエント間の共有体験空間として捉え，その状態下でセラピスト－クライエント間の共感的な関係性や相互作用を活用しながら臨床する」という催眠療法のコミュニケーション的側面の活用について述べている。また，森山（2003）はトランスを「治療者とクライエントの相互交流に治療的な力を提供・供給するもの」と捉えて，対話療法の中に催眠に伴うアイディアと技術からの示唆について，相互交流・相互関係性の観点から述べている。さらに八巻（2000b）の「催眠臨床とは，クライエントとセラピストがともに“トランス空間”を創っていくこと」という催眠現象の相互交流的な観点などの指摘も，その一例であろう。

これらのように催眠臨床において「関係性」「相互作用」という文脈による検討が少しずつなされつつあるが，まだ十分に論議されているとはいえない。催眠臨床を考えるあるいは研究していく上で，これまでの「状態」「技術」という中心的な要素に「関係性」という要素を加えて考えていくことが，臨床的には重要であると思われる。この「催眠臨床における関係性」について最もその特徴を表しているのが「トランス空間」という考え方であろう。次にその「トランス空間」という考え方について話を進めてみる。

Ⅳ．催眠臨床における「関係性」を考えるための「トランス空間」

催眠臨床においてクライエントとセラピスト両者の相互交流の中から「催眠トランス」が創出されていると思われるケースは少なくない。このような臨床上で創出するトランスを「状態」ではなく，「空間」として捉えることが，臨床の場で「催眠」を使用していく際にクライエントとセラピスト両者の「相互作用」「関係性」的な観点が明確になるのではないかと思われる。その理由についていくつか述べてみたい。

1．トランス「状態」には，クライエントだけでなく，セラピストも入っている

松木（2003）は，催眠療法における治療促進部分について「Cl. ばかりでなく Th. も軽い催眠状態に入り，一部，Cl. と催眠状態を共有して，その部分に向けて Th. の「自我が開かれている」状態」と述べながら描いている。また，森山（1997）も「トランスを client に生じる状態という視点からとらえることばかりでなく，治療者のトランス体験という視点も必要である」と述べ，その上でトランスの治療的役割を考察している。

筆者自身の経験でも，催眠臨床において治療のターニングポイントといえる部分では，セラピスト自身がトランス体験していると自覚することが多い。また催眠療法セッションの陪席においても，陪席者自身が眠くなってしまったという経験をされた方は多いのではないだろうか。これらのことから，臨床の現実ではクライエントのみがトランス状態になっているのではなく，セラピストも（さらに陪席者も）同じようにトランス状態になっていることはよく見られることである。そして，そのような状況が，催眠治療展開上で重要なポイントになっている事は多いのではないかと考えられる。

このように臨床的には，トランスがまるで伝染するようにその場で同時的に生じる現象がよく見られるが，クライエントとセラピスト両者に生じている状態，いや“状況”を描き出す上で，催眠療法における「トランス空間」という概念を想定してみたいと思う。催眠療法において，セラピストとクライエントとの相互作用・やり取りの中で，そこに「トランス空間」が創られていき，その空間内でクライエントとセラピストそれぞれがトランス状態（あるいは体験）に入っていると考えるのである。

2．催眠療法中のセラピストの体験

私が催眠療法を行っている時には「催眠療法中は時間が（通常時より）ゆっくりと流れている」と感じることは多い。このため，催眠療法中はクライエントの様子を丁寧に観察できるだけにとどまらず，セラピスト自身の内省的な自己観察も丁寧にできることは確かである。これは催眠療法の大きな特徴の1つであるとも言えよう。私はこのセラピー中にセラピストの中で起こるさまざまな想い・イメージ・体感覚などを総称して「内閉イメージ」と名

付けて，それをセラピストがセラピー中に捉えていくことが，治療展開において重要であることを述べてきた（八巻，1999）。

催眠療法における時間の流れのテンポは，他の療法を実施する時に比べて，この「内閉イメージ」をセラピストが捉えやすく，何らかの形で治療的に扱いやすいという特徴は，催眠療法における治療促進を生み出すポイントの１つなのではないだろうか。このような催眠療法の特性でもある“時間のゆっくりとした流れ”を生み出しているのが,「トランス空間」という「枠」なのではないかと思われる（八巻，2000b）。おそらく，クライエント自身もまたトランス空間の中で，自らの「内閉イメージ」を捉えているのかもしれない。このようなクライエントの「内閉イメージ」の意識化もまた治療促進へとつながる要素であると言えよう。

３．催眠下では「創発」現象が起こりやすい

「創発（emergence)」とは，システム論などでよく使われる「あるレベルの出来事の結果として，そのレベルからはまったく説明できない新しいレベルが現れてしまうこと」である（山下，2004)。また「創発」とは，局所的な相互作用を持っている状態，もしくは自律的な要素が多数集まることによって，その総和とは質的に異なる高度で複雑な秩序やシステムが生じる現象であるとも言われている。所与の条件からの予測や意図，計画を超えた構造変化や創造が誘発されるという意味で「創発」と呼ばれているのである。もともとは生物学や物理学（複雑系)，社会学などで使われている言葉で,「物質の凍結（相転移現象)」「アリが巣を作る（群知能)」「細胞の集まりが生物であること（生命現象)」「新種生物の突然の発生（進化論)」「市場におけるバブルの発生（経済学)」のような“要素に還元できない現象”のことを指している用語である。

実のところ，このような「創発」現象は催眠下でもよく見られるし，それが治療展開につながっていることが多いのではないだろうか。もちろん「創発」は催眠に限らず日常でもさまざまな所で起こっているが，催眠下ではその現象が数多く出現したり，活性化されるのはなぜだろうか。

「創発」が起こり続けているシステム,あるいはその都度の作動がすべて創発になっているシステムは「オートポイエーシス・システム」と呼ばれている。オートポイエーシスは，神経生物学者のマトゥラーナ Maturana, R. H. やヴァレラ Varela, F. が 1970 年代に創始した概念であり，生命の本質とは何かについて捉えようとした概念でもある（河本，1995)。このオートポイ

エーシス論を援用するならば，催眠下での「創発」の増加は，催眠下ではトランス空間が「オートポイエーシス・システム」になっているために，そこでさまざまな創造が誘発されているのではないかと考えられる。

オートポイエーシス・システム内では，その構成素の相互作用を考えていくことと同様に，催眠下あるいはトランス空間というオートポイエーシス・システムにおいても，当然その構成素であるクライエントやセラピストのコミュニケーションなどの相互作用を重視していくことが必要なのである。あるいはトランス空間をクライエント・セラピスト両者がどのように創っていくのかを意識していくことによって，トランス空間という「守られた空間」が創出されるだけに留まらず，そこで「創発」という形で新たな展開が起こりうる“可能性のある空間”になっていくことが，催眠臨床における大きな展開力になっているのかもしれない。

４．「トランス空間」はオートポイエーシス・システムであると考えてみる

催眠臨床に「関係性」を導入する試みとして，前述のようにトランス空間を１つのオートポイエーシス・システムと考えることにより，催眠臨床とはオートポイエーシス・システムをセラピストとクライアントの間に創り，その中で治療的作業が行われていくことと考えてみるのはどうだろうか。

ちなみにこれまで臨床のパラダイムとして「関係性」への多くの視点を提起し続けているのは，主に「家族療法」の世界である（楢林，2003）。その家族療法では，家族を「システム」としてとらえるという発想が広がっており，システム内の家族やセラピストとの相互作用を重視することで，これまでも家族療法ではさまざまな治療機序が生まれてきている。

そこで催眠臨床をクライエントとセラピストの間の「相互作用」として捉えるため，そこに視点をおくための１つのものの見方として，催眠トランスを１つの「システム」と見なしてみる。つまり「トランス空間はオートポイエーシス・システムである」と考えることにより，催眠臨床とはトランス空間をセラピストとクライアントの間に創り，その「枠」の中でオートポイエーシス・システムが作動することによって催眠臨床の作業が行われていく。このような作業として催眠臨床を捉えることができるのではないだろうか。

トランス空間という独特のオートポイエーシス・システムがセラピストとクライエントとの間でどのように創られ，作動していくのか，どのようにその空間内で相互作用的に治療的作業が繰り広げられていくのかということを

考えていくことは，これからの催眠臨床研究に新しい視点を提供すると考えられる。

５．トランス空間のオートポイエーシス性について

ここで少し実例を紹介する。筆者が「トランス空間」を意識した体験である。まだ駆け出しの頃，精神科医で催眠療法家である柴田出氏に師事していた時に，柴田氏が担当する催眠療法セッションの陪席を何度もさせていただいた。その中での１つの出来事である（柴田，1994）。

ある30代の男性クライエントに対して，セラピストである柴田氏が催眠誘導している時のことであった。横たわっているクライエントに柴田氏が静かに声をかけながら誘導していた。陪席者である私自身も軽いトランスを感じていたが，突然，窓の外から救急車のサイレンの音が激しく鳴り響いてきた。

私自身はその音によってトランスから少し覚めたように感じながら「このサイレンの音は催眠誘導にはじゃまだなあ……」と思い始めていたところ，柴田氏はその音にまったく動じる様子もなく，遠くをぼんやりと見つめながら，それまでと変わらないトーン・リズム・口調で「……今，サイレンの音が聞こえているかもしれません。その音が聞こえてくればくるほど，さらにウットリとしてきます……」とクライエントにさらに言葉をかけながら催眠誘導を続けていった。するとクライエントはサイレンの音を気にする様子もなく，さらに深くトランスに入っていった。

この柴田氏の振る舞いに対して，ずっと「名人芸」という観点で見ていた。またエリクソニアンであるならば「これは利用アプローチである」と言うのかもしれない。しかし，突然のサイレンの音に対して，セラピストが瞬時に反応できることを１つの「技術」（あるいは名人芸）と捉えるしかないのであろうか。

ここで，その時・その状況では「オートポイエーシス的なトランス空間」がそこに創られつつあったから，と考えてみると，違う見方が可能になってくる。

オートポイエーシスの性質の１つに「入力・出力の不在」という考え方がある。これはオートポイエーシス・システムであるならば，そのシステムは「閉じられて」いる（閉鎖性）のだが，にもかかわらず，その中で「創発」や「産出」が起こりうるという性質である。前述の例にこのオートポイエーシスの性質を当てはめてみると，クライエントとセラピスト（柴田氏）の間

で作られたトランス空間が，オートポイエーシス的になっているならば，これは閉じられており，それゆえ「サイレンの音」も外から聞こえてきた（入力）のではなく，トランス空間の中で創出してきたものと考えることができる（あるいはクライエントもセラピストもそう感じている）。そのトランス空間の中で生まれてきたサイレンの音とセラピストとの間で「催眠誘導」という作業の継続のための「関係性」が与えられ，セラピストの次の振る舞いである「その音が聞こえれば聞こえるほど……」という教示の言葉がまさに生まれていったのではないかと考えられるのである。

つまりトランス空間におけるオートポイエーシス性が作動すればするほど，セラピストはその空間の中で「自然な」「治療的な」振る舞いを行うことが可能になるのではないだろうか。もしかするとそのようなトランス空間内では，セラピストの強い「意図性」は消失してしまうのかもしれない。

では，オートポイエーシス的なトランス空間を創出・維持するために，セラピストはどのような振る舞いを行うのであろうか。次にその点を考えてみる。

Ⅴ．トランス空間におけるセラピストの「振る舞い」

松木（2003）は，催眠状態下での関係性や相互作用の様を「共感的」と表現している。しかしながら，その表現では，クライエントとセラピストの相互作用あるいは「トランス空間」を外部から見ているという「外部観察」の視点で描いてしまっているように思える。「トランス空間」やそこでの相互作用を描き出すためには，全体視野に基づく観察者ではなく，内部に存在しているセラピストから観察した「内部観察」の視点が有効ではないかと思われる。そのためには，複雑系の科学などで扱われる「内部観測」の観点（郡司ら，1997）でも言われているように，内部観測者は「局所視野に基づく行為者」でもあるがゆえ，トランス空間での関係性を描くとするならば，セラピストからの視点（トランス空間の内部からの観察）を重視した「セラピストの振る舞い」を考えることは有効ではないかと思われる。

八巻（2000b）は，催眠療法は「間主体的現象である」と述べて，セラピストが催眠療法において「主体的になること」が重要であるといった「催眠療法下でのセラピストの振る舞い」について少し触れているが，具体的に描くところまで至っていない。ここでは，そのトランス空間を創っていく，あるいはトランス空間内での「セラピストの振る舞い」とは，どのようなものが考えられるのか。いくつかを具体的に示してみたい。

1．トランス空間における「ジョイニング」

システムに合流するにはセラピストの「ジョイニング（joining）」が必要不可欠であることは，システム論的家族療法においては常識となっている。ジョイニングとは「セラピストが，治療に来た人たちにうまく溶け込む，あるいは仲間入りをすること」（東，1993）が定義である。

このジョイニングという臨床概念は，催眠臨床においても十分に適応できる概念ではないだろうか。つまり「トランス空間」はセラピストが一方的に与えるものではなく，これをクライエントとセラピストがともに協力しながら創っていくことが重要であるが，そのためには，ともに創る「仲間」になることによって，共同作業が可能になるのである。あるいはセラピストとクライエントがともにトランス空間を創りながら，その「空間に溶け込んでいくこと」が大切なのかもしれない。

ちなみにこのジョイニングは「ラポール」などと似たような概念と見られがちであるが，遊佐（1984）は「ラポールが治療的関係の状態を示す用語であるのに対し，（ジョイニングは）セラピストのアクションを示す用語である」と述べて違いを明確にしている。ジョイニングは，セラピストがクライエントの雰囲気や動き，パターンなどに合わせるといった「波長合わせ」などが代表的な技法であるが，おそらく催眠療法家であるならば，催眠療法中に自然に行っている「アクション（行為やものの見方）」をジョイニングは描き出しているように思える。

このように「関係性」を基調とする家族療法においてジョイニングが重視されているように，催眠臨床においてもセラピストが行うジョイニングについて，もっと重視されて良いのではないかと思われる。そして家族療法においては，セラピストがジョイニングによってシステムに合流できた時，クライアントとセラピストとの「治療システムが形成される」と言われているが，催眠療法においてもジョイニングによって，トランス空間という独特な，そして特殊な（オートポイエーシス的な）治療システムが形成され，これが治療展開を生んでいくと考えることができるであろう。

2．トランス空間における「暗示」

催眠療法でセラピストが使用するものとしてクライエントに対する「暗示」があり，これまでも「暗示」に関するさまざまな研究がなされてきた。しかしながら，暗示という行為は（暗示する）セラピストから（暗示される）クライエントへといった一方向の作業であり，本稿で重視している相互作用的なニュアンスは薄いように思え，催眠臨床的現実を描く上では物足りない印象がある。では，相互作用的な暗示とはあり得るのだろうか。

八巻（2000a）は,「催眠療法における『暗示』の検討」という発表で以下の４つの指摘をした。

①「暗示」という言葉は，力動的な上下関係をまさに暗に示している
②催眠臨床では,「暗示 suggestion」ではなく「提案 suggestion」という言葉が良いのではないか
③セラピストの「提案」によって，クライエントとセラピストが催眠療法で「織り合わせ」を続けることになり,「遊び」がそこから生まれてくる
④伝統的な催眠の持つ無意識的な上下関係をセラピストが意識化すること

つまり「トランス空間の創出・維持」の過程において，セラピストが「暗示する」のではなく，クライエントの状況を見ながら「提案する」というスタンスを持つことが重要であることを指摘したのである。

「提案」というスタンスをセラピストがもつことによって，その言葉を受け入れるか受け入れないかはクライエント次第という相手の主体性も尊重することになるため，まさに催眠臨床において，相互作用が起こりうるセラピストの振る舞いの１つであると考えられよう。森山（2002）も指摘している「前置き法」にも相通ずるところがあり,「提案」とは「明示でありながら，暗示である，暗示のようでありつつ，明示である，というプロセス」であり，まさに「提案」というスタンスは，トランス空間を創出・維持していくためのセラピストの振る舞いの一つと言えよう。

3．トランス空間における「遊び」

八巻（2001）は，「催眠療法における治療的関係性について――『遊ぶこと』をキーワードとして」という発表において，精神分析家のウィニコットが述べている「精神療法は２人の人間が一緒に遊んでいることに関係している」（北山，1985）という指摘をふまえながら，催眠臨床におけるクライエントとセラピストは「遊び」の空間にいるのではないかという考察を行った。

このような両者の「遊び心」「遊び感覚」はそこにあるトランス空間を生き生きとさせ，そのオートポイエーシス性をさらに活性化させるのかもしれな

い。あるいは催眠臨床におけるセラピストやクライエントがトランス空間にさらに溶け込んでいくためのポイントが「遊び」という概念であると思われる。

麻生（1998）は従来の遊びの研究が，行動主義的視点による外から遊びを捉える研究に終始していたことを批判し，「遊びとは，私たちが遊びと感じる心的な体験」と述べて，遊んでいるという状態の内面の考察や遊び心の受容や共有など心情の解明につながる研究を目指すべきことを主張している。「遊びとは親が子に対して抱く特殊な心性から派生した態度」であり「大人から子どもに伝える秘術」であると述べている。つまり「遊び」のこころは，まず最初は大人が持ち，それが子どもに伝えられ「遊び」の現象は起こっていくという考えを提示している。

この麻生の考えにおける「遊び」の現象を催眠臨床に当てはめてみると，催眠臨床における興味深い議論が可能だと思われる。つまり催眠臨床において「遊び」のこころ（状態）はまずセラピストが持ち，それがクライエントに伝えられていく，つまり催眠臨床は「トランス空間」の中で「セラピストからクライエントに“遊ぶ感覚”を秘術的に伝える状況」であると考えてみる。前述でも指摘した松木や森山の述べるクライエントとセラピストの両者がトランス状態になることは，「遊び心」を伝え，共有し，維持することに貢献するであろう。このように麻生の「遊びは秘術的に伝わっていく」という考えと「トランス空間の中で遊ぶ」という考えを照らし合わせて見ると，「遊び」「遊ぶこと」ということで表現される人間関係や現象の本質と，「催眠療法」で見られる治療関係や現象の本質部分は，共通項が多いのではないかと考えられる。津川（2000）も指摘するように遊びの研究から催眠療法を眺めてみるという視点は，催眠臨床研究において重要な材料を提供してくれるのではないかと思われる。

以上，「ジョイニング」，「提案」，「遊び」という３つのセラピストの振る舞いや姿勢を示したが，「トランス空間」におけるセラピストの振る舞いは他にもさまざまなものが考えられるであろう。しかしながら，大切なことはそのようなセラピストの振る舞い一つひとつに名前を付けていくことなのではなく，トランス空間内で起こる「創発」とどう関係づけていくのかということを考え続けることが，最も重要なセラピストの姿勢なのではないだろうか。

Ⅵ．終わりにかえて：「関係性」という視点からみた催眠臨床の新たな可能性

これまで筆者が考えてきた「催眠臨床における関係性」というテーマで思いつくことを述べてみた。さまざまな用語を使用し，まとまりのないものになってしまったかもしれない。これは筆者にとってこのテーマの考察が未だ途上にあることの現れなのかもしれない。その点はお許し願いたい。

ただ最後に１つ言いたいことは，催眠臨床研究をもっと幅広く考えていくことが必要な時がきているのではないかという点である。

一部の研究者は「それは（きちんとした手続きをとっていないから）催眠ではない」という，催眠現象を限定するとらえ方をしている。そのような「催眠の本質」を探ることは，催眠研究者として重要な姿勢であることは否定しない。しかしながら，催眠という一見不可思議であるが臨床的に有効な現象を捉え，それを研究・実践することで世に何らかの貢献をしていくために，我々ができることのもう一つの方向性は，さまざまな他の分野との「催眠現象をめぐっての対話」をもっと積極的にしていくことなのではないだろうか。その「対話」のために他分野の用語を用いながら催眠現象を捉えてみるという試みは，ある程度必要なのかもしれない。本稿も紆余曲折しながらもその試みを行ってみた。

催眠臨床研究はその専門家の内部においても外部に向けても「関係性」というキーワードで改めて取り組む必要があるのではないか。そう筆者は考え続けている。

文　　献

麻生武（1998）なぜ大人は子どもと遊ぶのか？　In：麻生武・綿巻徹編：遊びという謎　ミネルヴァ書房．pp. 3-34.
郡司ペギオ - 幸夫，松野孝一郎，オットー・E・レスラー（1997）内部観測―複雑系の科学と現代思想．青土社．
東豊（1993）セラピスト入門―システムズアプローチへの招待．日本評論社．
河本英夫（1995）オートポイエーシス―第三世代システム．青土社．
北山修（1985）錯覚と脱錯覚―ウィニコットの臨床感覚．岩崎学術出版社．
松木繁（2003）催眠療法における“共感性”に関する一考察．催眠学研究，47（2），1-8.
森山敏文（1997）トランスの治療的意義―臨床催眠の立場から―心理治療とかい離現象という視座を中心にして．催眠学研究 42（1），25-31.
森山敏文（2003）特集論文　対話療法の中で催眠を利用し，工夫することについて―

治療的な交流の関係・トランス・語り合うという視点から．催眠学研究，47（2），27-33.
楢林理一郎（2003）【3】家族療法とシステム論．In：日本家族研究・家族療法学会（編）：臨床家のための家族療法リソースブック―総説と文献 105．金剛出版．
O'Hanlon, W. H. & Martin, M.1992 Solution-Oriented Hypnosis: An Ericksonian Approach. New York：Norton.（宮田敬一監訳・津川秀夫訳（2001）ミルトン・エリクソンの催眠療法入門―解決志向アプローチ．金剛出版．）
斎藤稔正（1987）催眠法の実際．創元社．
佐々木雄二（2001）特集寄稿論文　20 世紀の催眠が医学に与えた影響．催眠学研究，46（1），1-16.
柴田出（1994）柴田クリニックでの催眠療法の陪席体験．
下山晴彦（2000）心理臨床の基礎 1，心理臨床の発想と実践，岩波書店．
津川秀夫（2000）治療メタファーとしての遊び―エリクソン派遊戯療法．ブリーフサイコセラピー研究，9，18-37.
八巻秀（1999）イメージ療法におけるイメージの間主体性―解離性状態の治療体験．催眠学研究，44（1），19-26.
八巻秀（2000a）催眠療法における「暗示」の検討．日本催眠医学心理学会　第 46 回大会プログラム・発表論文集，54.
八巻秀（2000b）催眠療法を間主体現象と考える事例を通しての検討．催眠学研究，45（2），1-7.
八巻秀（2001）催眠療法における治療的関係性について―「遊ぶこと」をキーワードとして．日本催眠医学心理学会　第 47 回大会プログラム・抄録集，13.
山下和也（2004）オートポイエーシスの世界―新しい世界の見方．近代文芸社．
遊佐安一郎（1984）家族療法入門―システムズ・アプローチの理論と実際．星和書店．

第３章

「オートポイエーシス」って何？
――ある大学教員と大学院生との会話から

ある日の八巻研究室
「オートポイエーシス論」を巡っての会話のはじまり

八巻：やあいらっしゃい。今日は何か訊きたいことがあるんだって？

山崎：そうなんです。先生が授業中に時々おっしゃっている「オートポイエーシス」について，あらためてお話をお聞きしたいなと思って……。

廣瀬：あのオートポイエーシスって，いわゆる「システム論」の一種だということは，調べてわかったんですが，あとは本を読んでも何のことかさっぱり分からなくて……先生，オートポイエーシスって，どんなシステムなんですか？

山崎：それにオートポイエーシスって，私達が学んでいる臨床心理学や心理臨床に何か役立つことなんですか？

八巻：そうですね。実は，私もまだ勉強中なんだけれど，１つずつ考えながら，お話ししていきましょうか。「オートポイエーシス（Autopoiesis）」とは，なかなか面白い「１つのものの見方・考え方」と言っていいかな？　歴史的には，チリの神経生理学者のウンベルト・マトゥラーナ Maturana, U. が 1972 年に発表したシステム論で，ギリシャ語で自己を表す「アウトス（auto）」と，創出・産出・制作を意味する「ポイエーシス（poiesis）」を組み合わせて，マトゥラーナがこの言葉を作ったんだ。日本語では「自己産出」とか「自己創出」とか訳されていることもあるよ。もともとは生命を定義するための生物学の理論として提唱したものなんだ。つまり，マトゥラーナは「生命はオートポイエーシス・システムである」と考えたんだね。

廣瀬：ふーん，生物学の理論が心理臨床とどう関係あるんですか？

八巻：うん，もう少し説明させてね。確かにそれだけだと，単なる生物学の理論にすぎないんだけれど，1980年代にドイツの社会学者ニクラス・ルーマン Luhman, N. が，この理論を社会学に応用して，独創的な「社会システム論」を発表したんだ。これは社会をオートポイエーシス・システムとして考察したもので，これをきっかけにさまざまなものがオートポイエーシス・システムとして見なされるようになって，いろいろな分野でオートポイエーシス論が応用されるようになってきているんだよ。

山崎：いろいろというのは，どんな分野で応用されているんですか？

八巻：そうだね。生物学や社会学を始めとして，法学や文芸批評・精神医学・心理学など，自然科学系・人文科学系を問わず，さまざまな分野で応用されているんだよ。だから，オートポイエーシス論は，ある意味では学際的なものの見方，思考の大きな枠組みと考えて良いかな？

廣瀬：そうなんですか。ちなみにオートポイエーシス論は，日本にはいつ頃伝わったんですか？

八巻：日本に本格的に導入されたのは，1995年に出版された河本英夫氏の『オートポイエーシス──第三世代システム』（青土社）が最初と言っていいかな？　それから何冊か日本人による本は出ているよ。

廣瀬：あ〜その本読みました。正直……何を言っているのかさっぱり分からなかったです（笑）。

八巻：いきなりその本でオートポイエーシスを勉強するのは，入門書としては，ちょっと難しいかもしれないね。2004年に出た『オートポイエーシスの世界──新しい世界の見方』（近代文芸社）という山下和也氏が書いた本は，初学者向けで少し読みやすいかもしれないよ。

オートポイエーシス・システムとは「働き」

山崎：先生，オートポイエーシスって，具体的にどういうことなんですか？ぜひ分かりやすく教えて下さい。

八巻：じゃあまず，オートポイエーシスを理解するためのキーワードを１つ紹介しますね。

「産出されたものがあれば，必ずそれを産出した働きがある」

これは，マトゥラーナが掲げた標語（「言われたことのすべてには，それを言った誰かがいる」）を，オートポイエーシス一般向けに，山下和也氏が拡大解釈して示したものなんだ。何か生れてくるものがあるということは，その背後に必ずそれを生み出す「働き」が存在しているはず，最も簡単に言えば，この「働き」のことをオートポイエーシス・システムと呼んでいるんだ【解説１】。

【解説１】オートポイエーシス・システムの定義を紹介しておく。

「オートポイエーシス・システムとは，産出物による作動基礎づけ関係によって連鎖する産出プロセスのネットワーク状の連鎖の自己完結的な閉域である。閉域形成に参与する産出物を構成素と呼ぶ」（山下，2010）

廣瀬：生まれてくるものとか，生み出すって，何を生み出すんですか？

八巻：生み出されたもの（＝産出物）は，いろいろなものを考えて良いというのが，オートポイエーシスの面白さなんだ。例えば，鳥だったら卵，哺乳動物なら子どもを産みますよね。それは鳥や哺乳動物の中で，オートポイエーシス・システムが働いているからと考えるわけ。その際，卵や子どもが産出物だね。

山崎：社会学者のルーマンが言った社会システムでは，何が産出物なんですか？

八巻：ルーマンは，オートポイエーシス的な社会システムでは，言葉の発話や行為などの「コミュニケーション」が，産出されている構成素【解説２】と考えるんだ。

【解説２】産出物と構成素の関係について：定義に「閉域形成に参与する産出物を構成素と呼ぶ」と書かれているように，オートポイエーシス・システムは産出プロセスが「閉域」になった時点で成り立つと考えるため，その産出物はオートポイエーシス・システムになった時点で，はじめて「構成素（component）」と呼ばれる。産出プロセスが閉じていなければ，オートポイエーシス・システムとは言えず，産出されているものを構成素とは呼ばない。

廣瀬：ふーん，コミュニケーションが産出されるんですか？

八巻：例えば，今，廣瀬君の質問を受けて私が答えているというこの状況も「廣瀬君の質問（コミュニケーション）」という産出したものを受けて，八巻が「答え（コミュニケーション）」を産出していると考える。コミュニケーションが連鎖しながら次々と生まれているよね。だから，この状況でオートポイエーシスが働いているかもしれない。そして，それがオートポイエーシス・システムであるならば，マトゥラーナが示したオートポイエーシスの４つの基本的性質を満たしているんだ。

廣瀬：そうなんですか。そういえば，本に書いてあったな。オートポイエーシス・システムの特徴として，「自律性」と「個体性」と「単位体としての境界の自己決定」と「入力・出力の不在」の４つがあげられていたけれど，そのことですよね？　これらも読んでもやっぱり意味が分からなかった。すみませんおバカで（笑）。

八巻：いや，私もすぐには分からなかったよ。この４つの性質についてのマトゥラーナや河本氏の解説は，シンプルすぎてわかりにくくて，一般的にも多くの誤解を招いているらしいから，私なりに理解したところを解説してみましょうね。

廣瀬・山崎：お願いします。

オートポイエーシス・システムの４つの性質　その１：「入力・出力の不在」

八巻：では，オートポイエーシス・システムの基本性質：①「自律性」，②「個体性」，③「単位体としての境界の自己決定」，④「入力・出力の不在」の４つの中から，まず最初に，④の「入力・出力の不在」から説明しましょうね。この性質は，オートポイエーシスにとっては決定的な性質と言われていて，河本氏が「オートポイエーシスの論理は，既存の理論に比べてこの点がとても異様なので，この点を中心にしてシステムの全貌をイメージすることになる」と述べて，この性質がオートポイエーシスの特異性として強調しているんだ。つまり，この「入力・出力の不在」が最もオートポイエーシスらしい性質とも言えるかな？

廣瀬：本を読んでいても，まあ，最初の３つの性質は，何となく分かるような感じですが，この「入力・出力の不在」については，本当にさっぱり分からない。

八巻：この性質が，オートポイエーシス論に対する誤解の大半を生んでいるようだね。生命システムで考えてみると，確かに動物は一見，食べ物・水などを摂取して（入力），排泄物を出している（出力）から，入力・

出力はあるように思える。だけれども，オートポイエーシス・システムとは「働き（＝作動）」そのもののシステムのことだから，動物そのものというより，その背後にある動物を生かせている「働き（＝システム）」を見ていこうとすることが大事なんだよ。

山崎：動物を生かしている「働き」を見ることが，生命のオートポイエーシスを見ようとしていること？

八巻：そうなんだ。オートポイエーシス・システムが働いている（作動している）時は，その外側からは働き方を直接的に変化させることはできないし，その働きが外部に直接影響を及ぼすこともない，そういう意味で，オートポイエーシス・システムは閉じていて自己完結しているとも言える。オートポイエーシス・システムが作動している限り，入力も出力もないとは，そう言う意味なんだよ。

廣瀬：やっぱりちょっと，ついていけません（笑）。「働き」を変化させるというのは？

八巻：極端な例は動物を殺すこと。生命システムにとっての死は，オートポイエーシス・システムの作動が止まるあるいは消滅することなんだ。オートポイエーシスが消失するような「破壊的影響」[解説3]は，外部（環境）からの直接的影響と言えるでしょうね。この「破壊的影響」以外のことについては，生命の「働き」に対して，食物摂取などは間接的に影響を及ぼしている[解説4]けれど，直接的影響・変化はないと考えて良い。このことが「働き」に対しては入力・出力もないというオートポイエーシス・システムの性質を表しているんだ。

【解説3】オートポイエーシス・システムが維持できない存続不可能な（あるいは消失する）ような，「システム」と「環境」の相互作用を，マトゥラーナは「破壊的相互作用」と呼び，山下は「破壊的影響」と呼んでいる。

【解説4】オートポイエーシス・システムは，作動に自分の「環境」の一部（構成素になる元）を巻き込んで，自分の構成素として産出するシステムである。「環境」から言えば，システムの作動に巻き込まれていることになり，こうした事態を「相互浸透（Interpenetration）」と呼ぶ。相互浸透はシステムと環境の間接的な影響関係を示している。

山崎：うーん，「働き」だけをイメージするって難しいですね。

ある催眠臨床の一場面での出来事から

八巻：ここで少し具体的なお話をしますね。私がこの「入力・出力の不在」と聞くと思い出す，ある心理臨床場面があるんだ。以前，ちょっと論文にも書いたんだけれども（八巻，2006），その臨床場面について，お話ししましょうか？

廣瀬・山崎：ぜひ，お願いします！

八巻：それは，私が臨床心理士として駆け出しの頃，そう20年以上前のことかなあ。師匠だった柴田出先生の精神科クリニックに私が勤務していて，柴田先生の催眠療法に陪席していた時のことなんだ。柴田先生は催眠療法家でもある精神科医で，それまでも何度も私は柴田先生の催眠療法に陪席していたんだ。ある日のセッションで，柴田先生がクライエントの男性を催眠誘導して，だんだん催眠トランス状態に入っていく途中だったんだけど，突然，クリニックの近所で救急車の大きなサイレン音が鳴り始めたんだ。

山崎：突然のサイレン音ですか？　そりゃクライエントは催眠から覚めちゃうでしょうね。

八巻：そうなんだ。その音はとても大きくて，私も陪席で聞きながら「うるさいなあ。これじゃクライエントが催眠から覚めるだろなあ」と思ったんだよね。ところが，その音が聞こえているであろう柴田先生が，まったく動じずに，平然とそして静かにクライエントに次のように語りかけたんですね。

「……今，サイレンの音が聞こえているかもしれません。その音が聞こえてくればくるほど，さらにウットリとしてきます……」

すると，確かにどんどんクライエントの頭がすぅ～っと下がってきて，さらに深くトランスに入っていく様子だった。クライエントもサイレンの音が全く気になっていない感じでしたね。

廣瀬：うーん，さすが！　名人芸ですね。

八巻：そう。当時，その直後は，さすが柴田先生，催眠うまいなあと私も思ったのね。ただ，そのセッションの後で，自分の中に「なぜ柴田先生は，まったく気にせずに自然に，サイレンの音を催眠誘導に取り入れられたんだろう？」という考えが沸いてきたんだ。当時，柴田先生に直接そのことを聞いたと思うんだけれど，柴田先生はハッキリとは答えてくれなかったかな。ちなみに，エリクソン催眠の理論では，そのような方法を「利用法（＝ユーティライゼーション）」と言って，治療場面に持ち込まれたものを利用して，催眠誘導するという説明があるんですが，私はその理論を知った時でも全然納得いかなかった。

山崎：えーどうしてですか？

八巻：「利用法」という理論だと，柴田先生の頭の中に利用法という考え方が元々あって，催眠誘導している最中に，突然サイレンの音が聞こえても，これ利用しようって考えて行うということでしょ？　でも，このサイレンの音という突然のハプニングで，とっさにそうできるものなのか？　トレーニングや経験だけの問題なのか？

廣瀬：うーん，どうですかね？

八巻：柴田先生のその時の表情とか思い出してみても，ホントに動じてない。自然にすぅっーとその言葉が出てきている。なんでかなとずっと思ってたんです。それで10年くらい前かな，このオートポイエーシスの本を初めて読んで，「入力も出力もない」という性質を知った時に，「あー，これかもしれない」と思ったのね。

山崎：ふーん，何がですか？

「トランス空間」がオートポイエーシス・システムになっている？

八巻：どういうことかというと，その時に私が考えた仮説は，催眠トランスの状態とは，クライエントとセラピストの間に「トランス空間」というものができていて，その「トランス空間がオートポイエーシス・システムになっている」んじゃないか，と考えていたんだ。つまり，催眠誘導しながらトランス空間ができあがってくると，そこにオートポイエーシス性が働く。そうすると，オートポイエーシスっていうのは，入力も出力もなくて，その中で産出の働きを続けているものだから，この柴田先生とクライエントとのオートポイエーシス的なトランス空間では，生まれてくるものしか存在しない。

廣瀬：トランス空間では何が生まれているんですか？

八巻：例えば「サイレンの音」も，トランス空間の中で生まれてきたと考えてみる。つまり，トランス空間の中では，サイレンの音さえも外から聞こえてきたと柴田先生は思わなかったんじゃないか。もちろんクライエントもね。つまり，オートポイエーシス・システムになっているトランス空間では，サイレンの音はその場で生まれてきたものと柴田先生とクライエントは捉えているんじゃないかと考えたんです。

山崎：うーん。じゃあ柴田先生の「その音が聞こえてくればくるほど……」という言葉は，サイレンの音が外から聞こえてきたと感じなかったから，言えたセリフですか？

八巻：そう思うよ。催眠誘導プロセスの中で（オートポイエーシスが働いているトランス空間で）生まれてるんだから，生まれているもの（＝サイレンの音）にそのまま声をかければ良い。そんな感じで，自然に柴田先生の「その音が聞こえてくればくるほど……」という言葉もまた生まれてきたんじゃないか。だから，その催眠トランス空間の中で，オートポイエーシスが働き始めていれば，何が起こっても自然にセラピストは振る舞うようになっているし，クライエントもそういうふうになってくる。そういうふうな動き・行為になっちゃう。こんな状況は，オートポイエーシス・システムの入力・出力もないという性質を物語っているんじゃないかと考えているんだ。

廣瀬：じゃ〜利用してとかじゃなくって，その言葉が生まれてきた？

八巻：そう考えてみようと言うわけだ！　おっと，思わず熱く語ってしまってゴメンネ〜（笑）。

山崎：いや，いつものことですから，大丈夫です（笑）。

「システム自身にとっての視点」について

八巻：ちなみに「利用法」という考え方は，「システムの外側からの視点」に立っている考え方と言って良いかな？　外側からサイレンの音が聞こえてくる（のを利用する）と考えると，陪席していた私のように「うるさいな〜」とか「もう催眠はできない」とか思ってしまうよね〜。逆にシステムの内部あるいは「システム自身の視点」で考えると，そんな邪魔だなんて思わないどころか，その催眠誘導という作動に添った言葉が自然に生まれてくる。だからセラピストからは自然に言葉が出てくる。そんな言葉は名人芸ではなくて，催眠誘導しながらオートポイエーシスが働き始めている中では，そういうふうに自然に振る舞えるようになっちゃてる，と考えるのが「入力も出力もない」ということだし，オートポイエーシス・システムの自身にとっての視点というものの見方なんだ。こんなふうに，オートポイエーシス論は「システム自身にとっての視点」という新しい視点を提供してくれるんだ。

山崎：う～ん，その「システム自身にとっての視点」というのを，もう少し分かりやすくお願いします。

八巻：「システム自身にとっての視点」ということで，マトゥラーナが「飛行機のパイロット」の喩え話を言っているんだ。ちょっと長いけどマトゥラーナが書いた『知恵の樹』（筑摩書房，1997）から引用してみるね。

生命システムで生じていることは，飛行機で生じていることに似ている。パイロットは外界に出ることは許されず，計器に示された数値をコントロールするという機能しか行わない。パイロットの仕事は，計器のさまざまな数値を読み，あらかじめ決められた航路ないし，計器から導かれる航路にしたがって，進路を確定していくことである。パイロットが機外に降り立つと，夜間の見事な飛行や着陸を友人からほめられて当惑する。というのもパイロットが行ったことと言えば計器の読みを一定限度内に維持することであり，そこでの仕事は友人（観察者）が記述し表そうとしている行為とはまるで異なっているからである。（p.231）

どう？　このパイロットの視点が，システム自身にとっての視点と言っているんだよ。

廣瀬：う～ん，分かるような，分からないような……。

八巻：このパイロットがオートポイエーシス・システムね。オートポイエーシス論の最大の特徴は，このシステム自身にとっての視点を常に考慮に入れることにあるんだ。すぐには分からなくて良いけれど，このパイロットの喩え話は，オートポイエーシス・システムのいろいろな性質も物語っているから，オートポイエーシス理解のために，事あるごとに思い出すと良い話だね。

オートポイエーシス・システムの４つの性質　その２：「個体性」と「自律性」

廣瀬：先生！　性質といえば，残りの基本的性質①～③の３つについて，まだ説明していないですよ。

八巻：ああ，そうだったね。④の「入力・出力の不在」の次は，②の「個体性」についてお話ししましょう。個体というと，固体と間違えて，つい物的に考えがちなのですが，オートポイエーシス・システムは「働き」のことでしたから，物的なものではなく，動きや働きなどの作動を本質としていました。つまり「個体性」の性質とは「働きが個体になっている」ということです。

山崎：うーん，やっぱりイメージしにくいですね。すみません，想像力不足で（笑）。

八巻：いやいや。哲学ではね，「個体」の意味は，「個々に独立して存在し，それ以上分割されればそのものの固有性を失ってしまう統一体」となっている。つまり「分けられないもの」という意味。そう考えると，「個体性」とは，「オートポイエーシス・システムは，それ以上分割できない」という性質のことを指している。

山崎：ふむふむ。生命システムで考えると，生命体を無理矢理２つに分けようとすれば，結局死んでしまうことなどは，その個体性の例になりますか？

八巻：そう思うね。生命における死とは，オートポイエーシスを維持できなくなった，つまりオートポイエーシス・システムが消失したことによると考えるんだったよね。良いかな？　では，次に①の「自律性」についてお話ししますね。これは，システムの作動はシステム自身が決めている，だからシステムを外部からコントロールすることはできないということです。

廣瀬：それはベイトソン（1972/1990）が「石をけったらどう転がるか予測可能だが，犬をけったらどうなるかは予測不能」と言ったことと同じ意味ですか？

八巻：その通り。まあ考えてみれば，当たり前の例えだけれど，犬のオートポイエーシス・システムは自律性があることの良い例えだね。この性質はイメージしやすいかな？

山崎：生命システムでは「自律性」は考えやすいです。でも，もし社会システムで考えると……どうなんだろう？

八巻：ルーマンは，オートポイエーシス的な社会システムの構成素は，「コミュニケーション」であると言っていましたよね？ 「コミュニケーション」と言ってもいろんな要素があるから，その中でも特に「会話」で考えてみると良いかもね。例えば，友だち同士でワイワイと話しているうちに，お互いに思ってもみない方向に話題が展開・発展することはありませんか？ そのような現象もこの「自律性」を物語っているのかもしれないね。

山崎：なるほど！ 私も鬼塚先輩と話していると，そうなること良くあります！

八巻：君たち二人はホント仲が良いね。オートポイエーティックな関係かな（笑）？

オートポイエーシス・システムの４つの性質 その３：「単位体としての境界の自己決定」

八巻：では，どんどん行きましょう。性質の残りは③の「単位体としての境界の自己決定」。これはシステム自身が自分と自分でないものの区別（＝境界）をつけるという性質。オートポイエーシス・システムとは「働き」だから常に動いている。動きながら閉じた領域ができた時が，オートポイエーシス・システムができ上がる。だから「動きながら閉じて，閉じながら動いている」と考えて良い。

廣瀬：そうか，オートポイエーシス・システムは閉じているんでしたね。

八巻：閉じているからこそ，最初に説明した「入力も出力もない」という性質が言えるんだ。そうやって，閉じながら動いていること自体が，システムとそれ以外のものを区別＝境界を作っていることになる。ちなみに，区別されたシステム以外のものをオートポイエーシス論では「環境」と名付けています。だから「システム自身によってシステムと環境を分けている」と言っても良い。単位体については，個体とほぼ同じ意味のようですね。オートポイエーシス・システムに部分はないということ。

山崎：ふ～ん。オートポイエーシス・システムによって，世界は「システム」と「環境」に分かれるんですか。

八巻：ルーマンがまさにそう言っているよ。オートポイエーシス・システムが「環境」と分離する以前の状態を「世界」と呼んでいるんだ。でも，オートポイエーシス論での「環境」も「世界」も一般的に使われている言葉とはちょっと違う意味を持っているから，本当は別の言葉を使った方が良いと思うんだけどね……。

廣瀬：やっぱり，オートポイエーシス・システムが閉じているというのが分からないな。じゃあ，ルーマンが言っているようなオートポイエーシス・システムである社会システムも閉じているんですか？

八巻：そうなんだ。これも具体的に考えてみると，さっきも言ったようにこの場もオートポイエーシス・システムになっているかもしれないよ？

　だってこの３人が，今までそれぞれ連鎖的にコミュニケーションを産み出し続けているでしょう？　そして３人だけで会話し続けている。コミュニケーションの産出はこの３人以外では起こっていない。つまり，この場で閉じているよね？　だから，この場はオートポイエーシスの社会システムが作動していると考えて良い条件はそろっている。ここで今カウンセリングをしているわけではないんだけれど，このような２人以上の会話の空間をオートポイエーシス・システムとして考えられることが，心理臨床実践にオートポイエーシスの考え方を適応させる可能性が秘められていると期待しているんだ。ただ，これではまだ荒っぽい捉え方だから，もう少し細かく考えていく必要があるけどね。

オートポイエーシスとナラティヴ・アプローチ

山崎：先生はなぜ心理臨床実践にオートポイエーシスの考え方を取り入れようとしているんですか？

八巻：私がもう１つ関心を持っているナラティヴ・アプローチとの関連からかな？　ナラティヴ・アプローチのことは知っているよね？

廣瀬：はい，家族療法なんかでよく言われている「社会構成主義[解説5]に基づくセラピーの一種」のことですよね？

【解説５】社会構成主義（social constructionism）：1980年代に，社会心理学者ガーゲンによって心理臨床領域に提示された認識論。現代の家族療法の世界に最も浸透している。「現実は社会的に構成される」として，現実は，観察者と切り離された存在ではなく，主観的に創り上げられ，他者と共有することで，その確かさを帯びてくる。現実は，コミュニケーション（社会の中の人と人との相互交流）の中で構成されると考える。

八巻：そうだね。もう今では家族療法だけでなく，看護や福祉，あるいは教育の領域でもナラティヴについて論じられているので，今はナラティヴ・セラピーじゃなくて，ナラティヴ・アプローチ【解説６】と言われているんだよ。

【解説６】ナラティヴ・アプローチ（narrative approach）：斎藤清二は，『ナラティヴと医療』（金剛出版，2006）の中で，「医療におけるナラティヴ・アプローチ」というものを以下の７つの次元にカテゴライズしている。①医療人類学，②家族療法におけるナラティヴ・アプローチ，③ A. W. フランクの物語論，④精神分析における物語解釈，⑤河合隼雄の物語論，⑥質的研究としてのナラティヴ・アプローチ，⑦ナラティブ・ベイスト・メディスン（NBM）。これらはあくまでも医療領域でのカテゴリーであり，他にも看護，福祉などの領域などでもナラティヴ・アプローチは論じられている。

山崎：そのナラティヴ・アプローチとオートポイエーシスが，どう関係があるんですか？

八巻：先日，ナラティヴ・アプローチのワークショップ（高橋・八巻，2009）に参加して，講師の高橋規子氏（当時，心理技術研究所）が見事にナラティヴ・アプローチをしているビデオを見たんだけれど，うまくいっているナラティヴ・アプローチは，多くの場合，会話している者同士の間に新しい「ナラティヴ」が生まれているんだよね。高橋氏もそのワークショップで「「ナラティヴ」は「語る」という行為と「語られたもの」という行為の産物の両方を同時に含意する用語である」とも説明しているんだ。「ナラティヴ」は産物なんだよね。

山崎：ナラティヴ・アプローチでは，その「ナラティヴ」が生まれているんですか？

八巻：そう，生まれている，「ナラティヴ」が産出されているんだ。ここで，最初に話したオートポイエーシスを理解するためのキーワードを思い出してほしいんだ。「産出されたものがあれば，必ずそれを産出した働きがある」

廣瀬：そうか，「ナラティヴ」が産出されているなら，それを産出した「働き」がある。

八巻：そうなんだ！　人と人との間で「ナラティヴ」を産出する働きとしてのオートポイエーシスがあるとすれば，ナラティヴ・アプローチがうまく展開していく上で，オートポイエーシスの働きが絡んでいるんじゃないか，そのことを考えていくと……まあ，今日はここまでにしましょう。

山崎：えー!!　良いところなのにー!!

そろそろ終わりにしましょうか

八巻：もう時間がなくなったからねー，いやーペラペラ何か一方的にお話ししてしまった感じだけど，お二人が最初に聞きたかったことに，ちゃんと答えられているかな？

廣瀬：うーん，前よりはだいぶオートポイエーシスのイメージがつかめてきたかな？

八巻：オートポイエーシス論のコツをつかむためのヒントは，山下氏が掲げてくれた標語「産出されたものがあれば必ずそれを産出した働きがある」を常に念頭に置いておくこと。産出されたと言えるものに気づいたら，すかさず，それを産出した働きを探してみることだと，山下氏もブログ（山下，2008）で強調しているよ。

山崎：そうなんですね。ただ，そのオートポイエーシスの考え方が，どのように心理臨床実践や研究に役に立つのかは，まだ……。

八巻：そうだね。今回はまだ入口部分くらいしかお話ししていませんね。今日はオートポイエーシスの基本的な性質といった基礎の部分をおさらいした感じかな？　ただ，その基本をおさえていないと，さっきも言ったように誤解したままで考えてしまうことになるから，お話のはじめとしてはこれで良いのかもしれないね。

廣瀬：ちなみに，これまで臨床心理学の世界ではオートポイエーシスはどう扱われてきたんですか？

八巻：やはり家族療法の世界で論じる人は多かったね。本として出ているのは，私が知る限りでは，十島雍蔵先生（志學館大学）と吉川悟先生（龍谷大学）がオートポイエーシスと心理臨床実践とを結びつけたものを書いているよ。後で本を見せてあげましょうね。最近は，オープンダイアローグという手法が注目されてきているんだけれど，その中でもオートポイエーシス性に言及している学者さんもいるね（矢原・田代，2008）。でも，オートポイエーシスはもっと臨床心理学において議論されて良い考え方じゃないかと思うね。どう？　一緒に研究してみない？

山崎：うーん，ちょっと考えさせて下さい。

廣瀬：修論で書くにはちょっと……。

八巻：ちょっと敬遠されちゃったかな？　まあ，私もボチボチとこれからもオートポイエーシスに取り組んでいくつもりだから，また続きが聞きたかったら，声をかけて下さいね。じゃあお疲れ様！

文　献

Bateson, G. (1972) Steps to an Ecology of Mind. Ballantine Books.（佐藤良明訳（1990）精神の生態学．思索社.）
Humberto Maturana & Francisco Varela（1984）Der Baum der Erkenntnis:Die biologischen Wurzeln menschlichen Erkennens. FISCHER Taschenbuch.（菅啓次郎訳（1997）知恵の樹―生きている世界はどのようにして生まれるのか．筑摩書房.）
河本英夫（1995）オートポイエーシス―第三世代システム．青土社.
高橋規子・八巻秀によるワークショップ「そのとき，ナラティヴ・セラピストは何を考えているのか？」2009 年 12 月 13 日ルミエール府中にてその中での講義「“ナラティヴ”とはどんなことだろう」より.
十島雍蔵（2001）家族システム援助論．ナカニシヤ出版.
矢原隆行・田代順（2008）ナラティヴからコミュニケーションへ―リフレクティング・プロセスの実践．弘文堂.
八巻秀（2006）「関係性」という視点から見た催眠臨床―トランス空間とオートポイエーシス．催眠学研究，49（2），28-35.
山下和也（2004）オートポイエーシスの世界―新しい世界の見方．近代文芸社.
山下和也（2010）オートポイエーシス論入門．ミネルヴァ書房.
山下和也（2008）オートポエーシスの黒板（http://autopoiesis. seesaa. net/archives/200804-1. html）2008 年 4 月 17 日の記事より（2023 年 1 月 20 日閲覧）
吉川悟（2004）セラピーをスリムにする！―ブリーフセラピー入門．金剛出版.

第４章

トランス空間を作り，その中で主体的に振る舞う
——私が心理臨床をしていく上で大切にしている８つのこと

はじめに——心理臨床「職人」への憧れ

「職人」という言葉は，私の好きな言葉の１つである。自分なりのこだわりを持って，仕事の現場に臨み，自分の技術・腕には確固たる自負を持って，その道の配慮と工夫を重ねている，本物のエキスパート，などというイメージが，「職人」にはある。

この心理臨床の世界に入ってから，どこかしら「心理臨床の“職人”になりたい」という憧れをずっと持ち続けていて，ある一時は，「心理職人の会」という小さな研究会を作ったこともあった。しかし，これまでの自分の心理臨床活動を振り返ると，情けないことだが，正直なところ，「心理臨床の職人としては，まだまだだな」と感じることの方が，多いように思う。

「催眠とその関連心理療法の職人技」というテーマの本の執筆陣の一人として，編著者である松木繁先生（当時，鹿児島大学教授。現，松木心理学研究所所長）から，お声をかけていただいた時，「いや，自分はまだまだ心理臨床の職人とは言えないよな」というこれまでの思いとともに，「ああ尊敬する心理臨床職人の松木先生に，職人の一人として認めてもらえたのかな？」というほのかな喜びなど，瞬間的にさまざまな思いと感情が入り乱れた複雑な気持ちであった。

ただ実際，声をかけていただいた直後，結果的に自分が思わずとった態度は「ぜひ，書かせてください！」という即答。それは，松木先生が編集する本の一章に書かせてもらえるという光栄な気持ち以上に，松木臨床と心理臨床的共通項があると勝手にずっと思っていた私の臨床を，しっかりと対峙さ

せてみたいという，少々傲慢な，でもワクワクする気持ちが起こったからかもしれない。

そこで，この小論では，自分の心理臨床を振り返りながら，「私が心理臨床をする上で大切にしていること」を１つずつピックアップしながら，普段から考えていること，振る舞っていることなどを，思いつくままに書き綴ってみたいと思う。

その１．自分のその日の心身の健康状態「体調」と「心調」を把握する

あらためて言うまでもないくらい，当たり前のことだが，心理臨床家・セラピストは「自分自身を用いる」仕事と言えるだろう。

岡野（1997）は，セラピストが「自分を用いる」ということについて，次のように述べている。

> 治療者が自分という素材，具体的にはその感受性や感情や直観，さらには治療的な熱意などを積極的にかつ柔軟に活用する姿勢は，おそらくどの治療状況においても保たれるべき。(p.39)

> 治療者が「自分を用いる」こととは，治療者が自分という素材，具体的にはその感受性や感情や直観（さらには治療的な情熱）などを積極的かつ柔軟に活用する姿勢である。(pp.40-41)

このように，セラピストが心理臨床を行う際に，積極的かつ柔軟に用いることができる「自分」になるためには，日頃からの健康管理は重要である。それは，心理臨床を行う自分の体調とともに，心の調子である「心調」というものも，しっかりとチェックする必要があると考えている。当然，体調も心調も日々刻々変わるもの。やはり，普段から健康管理に気をつけて，心身ともによりベストな状態で心理臨床に臨むのが理想的ではあるが，なかなかそうはいかないのが現実である（と，つい酒を飲みすぎてしまう自分を弁明してしまうが笑）。

だからこそ，最低でもセラピストができることは，クライエントにお会いする際に「今日の自分の心と体の調子はどんな状態か？」ということをしっかりと意識・自覚しておくことが大切だと思う。

自分の調子を自覚すると，セラピーの展開の仕方は，その時の自身の体調・心調に合わせるように，いつも以上に丁寧に慎重になったり，少し思い切った動きができたり，セラピストの振る舞い方などが，自然に変化していくものである。

《風邪をひいて学んだこと》

もう 20 年以上前の話である。

ある日，朝起きると，とても体がだるい。体温計を測ってみると微熱もある。季節の変わり目だったせいか，風邪をひきかけているようであった。

その日は土曜日で，当時の臨床現場でのカウンセリングの予約は，午前中から夜まで11ケースを担当予定という満杯状況。今からすべてのケースをこちらからキャンセルするわけにもいかない。なんとか気力を振り絞って，電車に乗って職場まで出かけた。

自分の状態を意識して，慎重になりながらも，必死に一つひとつのカウンセリングをいつもよりもより丁寧に行っていった。それぞれのケースのクライエントのお話を一生懸命お聴きしているうちに，次第に自分の風邪のことは忘れてしまって，あっという間にその日の最後のセッションまで終えることができた。

不思議なことに，すべてのセッション終了後，熱はもう下がっていて，体調的にもすっかり元気になっていたのである。

「カウンセリングをしていくことで，なぜ，こんなに元気になれたのだろうか？」と帰りの電車の中で考え続けていたが，ふと，１つの考えに至った。

「そうか，今日は 11 人の方とお会いしたが，11 人の困難を克服していくお話，元気になっていくプロセスを，聴かせていただいたからなんだ！」

心理臨床の仕事は，一人ひとりのクライエントやご家族の困難を乗り越えていく物語，あるいはナラティヴを，クライエントとセラピストが共有することでもある。そこからセラピストが，いろいろな影響を受けたり，何かしらを学ぶことができる。この点が，心理臨床の仕事のやりがいあるいは醍醐味の１つになるのだと思う。その時に気づいた「心理臨床のやりがい・醍醐味」は，今も変わらず，日々感じている。カウンセリングを通しての自分の体調・心調の変化を意識したことから「心理臨床を行うことの意義」を学ぶことができた，記憶に残る出来事であった。

ちなみに，その日に自宅に帰ってから，この感動的な気づきを，さっそく妻に熱く話したところ，疑いの眼差しをしている妻から返ってきたセリフは

「ふーん。でも，あなたクライエントに風邪をうつしたんじゃないの？」
やはり，セラピストの体調管理は大切だと，一方で痛感させられた。

その２．クライアントとお会いする前に確認・準備できることがある

現在の私のカウンセリング・オフィスでは，新規のクライエントからの予約は，すべてメールだけで予約を受け付けている。

予約メールを受ける際には，相談内容とともに，「どのようにして，このオフィスのことを知ったのか」といういわゆる「紹介経路」を，必ず聞くようにしている。

このような「紹介経路の確認」をすることのメリットは，例えば，それが「医療機関の紹介」ということであれば，初回面接の話題の１つとして「主治医からどのように言われて，ここのカウンセリングを受けようと思ったのか？」ということを取り上げるだろう。また，「インターネットで探して見つけた」ということであれば，「検索キーワードは，何で調べられたのですか？」ということをお聞きすることになるだろう。

この「紹介経路」を確認するというセラピストの事前の作業を通して，「クライエントがここに至るまでの物語」あるいは「クライエントがこのカウンセリングに期待していることやニーズ」の一部に，セラピストが想いを馳せることになる。このような事前準備をすることによって，初回面接のジョイニングがスムーズになったことを，これまでも数多く経験してきた。

しかしメール受付の場合，これ以上の「紹介経路の詳細な確認」は難しい。クライエントへの返信メールは，私自身がしているが，「紹介経路の詳細な確認」は，実際にクライエントにお会いしてからということになる。メールで事前にできることは，主に予約日時の決定に至るまで，何回かのやり取りだけになるので，当然のことながら，メールの印象とお会いしてからの印象は，変わることも多い。それゆえ，メールだけからクライエントの人柄（ましてや病理）を判断することは危険であると言えるだろう。

事前のメールのやり取りによってできることは，「クライエントが持っているリソースの見立て」が，主な作業になるだろう。例えば，メールを通してクライエントの「書く力」は確認できる。

私は，時々セラピーにおいて，クライエントに「宿題」を与えることがある。「夜寝る前に１日をふりかえって，ひっかかったことをメモしてきてください」などと，クライエント自らの行動をふりかえってもらうこと，そして，

その書いてきた内容を材料に，次の面接の流れを構成していくためである。

受付メールの文章を読みながら，書くこと自体が，クライエントにとって，あまりストレスになっていないようであるならば，その作業が十分にできる方かなと判断する。

このように，クライエントにお会いする前でも，メールなどを通して，クライエントの物語やリソースを想像するということでは大切であるが，もちろん，前述したように想像しすぎの「妄想」は禁物。何事も程々が良いだろう。

その３．お会いしたファーストコンタクトでできること

現在の私のオフィスは，いわゆるメゾネットタイプで，１階にスタッフルーム，２階に面接室という構造である。オフィスの玄関には，映像付きのインターホンを設置している。そのインターホン越しに，来談された方を見ることができるので，当初の予約通り一人で来られたのか，ご家族で来られたのかが，少しだけ早めにわかり，直前に心の準備ができるのはありがたい。

事前に炊いているお香の匂いが漂う玄関で，クライエントをお出迎えし，すぐに２階の面接室までご案内して，席についていただく。それから，私は必ずいつも「少々お待ちいただけますか」と述べて，一度，１階のスタッフルームに戻ることにしている。

それは，最初の面接室までご案内している間に，クライエントの表情や雰囲気をしっかりと観察しながら，「今日のクライエントの心調」を推し量り，一度戻ったスタッフルームで，あらためて，これから臨む面接の方針や流れを自ら確認し，気持ちを落ち着けてから，再び２階に上がって面接に臨むためでもある。もしかしたら，この「間」はクライエントにとっても，これから始まる面接の心の準備のためにも良いのかもしれない。この一度スタッフルームに戻るという行為一つが，これから始まる面接の儀式性を高める，あるいは「トランス空間」（松木，2003）をつくっていく助走にもなっているように思う。

この「トランス空間」をつくっていくために，セラピストが配慮と工夫を重ねていくことは，クライエントにとって安心・安全な場を提供し，催眠療法だけでなく，あらゆる効果的なセラピーをしていく上で，重要な要素だと私は考えている（八巻，2000）。

さらに，面接開始直後のセラピストが放つ第一声も大事にしたいところで

ある。

初回面接では，名刺をお渡ししながら挨拶した後，最初に私がクライエントによくかけるセリフの１つは「ここの場所は，すぐにお分かりになりましたか？」である。それに対するクライエントの反応の違いで，その後の私の対応が変わっていく。クライエントがそっけなく「ええ，まあ大丈夫でした」と答えるならば，早めに本題に入ったほうがよさそうと判断する。「ホームページのアクセスをプリントアウトして，見ながら来たので，大丈夫でした」などというセリフならば，きちんと事前に準備をしてこの面接に臨んでいるだけでなく，少し気持ちの余裕も感じられる。この場合は，もう少し雑談を続けてみても良いかもしれない。例えば，「今日は暑いですね～」などという気候の話題など，何気ない雑談に対するクライエントの反応を通して，その日のクライエントの心調を，さらに精度を上げるように推し量って行くことを面接の最初に行うことが，その後の面接のより良い展開のためには，意外に重要なポイントになると思う。

その４．クライエントが示すあらゆるものと「合わせ」ていく

これは，いわゆる家族療法でよく言われているジョイニング（joining）のことである。ジョイニングとは，元々は「セラピストが，セラピーに来た方々（家族）に上手に溶け込む，あるいは仲間入りすること」（東，1993）という意味であるが，俗に言う「郷に入らば，郷に従え」の精神，あるいは「相手の土俵に乗ること」とも言える。面接室においてクライエントが示すあらゆるもの，雰囲気，テンポ，口調，乗り，姿勢，ジェスチャー，表情，話題，などなど，さまざまな言語・非言語のものに，まずはセラピストが「合わせる」ことをしていく。

ちなみに，このジョイニングについて，心理臨床の初学者に研修などで教えると，「クライエントの姿勢やジェスチャーに合わせるなんて，何かわざとらしくないですか？」と言われることが多い。そんなとき思い出す１つの事例がある。

《ワン・アップの太郎さん》

当初は個人面接から始まった花子さんのケースは，必要性を感じたセラピストが，花子さんの夫である太郎さんもお呼びして，夫婦面接を行うことになった。初めて会う太郎さんは，背が高く目つきも鋭く威圧的な感じ。セラ

ピストにとっては「話しやすさ」を感じていた花子さんとは違って，太郎さんは少々苦手な「ワンアップ・ポジションを自然にとっているタイプ」だった。話し方，言葉の強さ，テンポ，態度，目つき，全て威圧的。最初セラピストは，それらに少し圧倒されそうになりながらも，少しずつ太郎さんの振る舞い方を真似るように，同じ威圧力（？）で会話することを心がけていった。

会話を続けていて，そのセッションが時間的にもうすぐ終わろうとしている時，セラピストの頭の中で，ふと，〔頑張っている自分。突っ張っている自分。背伸びしている自分〕という「イメージ」が浮かんできた。そんなイメージを感じているうちに，セラピストの頭の中に〔そうか。太郎さんもまた，ここでも，社会の中でも，頑張っているんだ〕というセリフもよぎった。それは，セラピストが太郎さんの心情を，「内側から理解」できたようにも思える体験だった。

それからは，そのセッションだけでなく，その後のセッションも，太郎さんとのコミュニケーションが，自然とスムーズになっていった。

ジョイニングとして，クライエントが示すあらゆるものに「合わせ」ていくことは，このように，セラピストがセッション中，心の中に浮かんでくるさまざまなイメージ（これを私は「内閉イメージ」（八巻，1999）と呼んでいる）などを通して，セラピストが目の前のクライエントを「内側から理解」することにつながるのではないだろうか。それは，内部観察，ナラティヴ的理解といっても良いかもしれない。

クライエントが，どのような態度で，どのようなこと（内容）を話したとしても，まずはクライエントが示しているものを，セラピストが真似る（＝合わせる）ことから始めてみることが，クライエント理解が深まるだけにとどまらず，クライエントとセラピストとの関係も，「信頼関係」という方向に深まっていき，その後のセラピーの展開が，より良い方向に大きく変わっていく，そんな経験をこれまで何度も積み重ねてきた。

今では，まずクライエントに「合わせる＝ジョイニングする」ことは，心理臨床面接を行うことの基本中の基本だと思っている。

その５．クライエントの発言に対して，しっかり反応・応答する

最近，私は「オープンダイアローグ」を精力的に学んで実践している。は

まっているといっても良いだろう。「オープンダイアローグ」とは，フィンランドにおいて1980年代から実践されてきている主に統合失調症に対する治療ミーティングの手法あるいは治療哲学だが，これまで，驚異的な治療成果を上げてきている（斎藤，2015）。

そのオープンダイアローグの「対話実践の実践度に関わる十二の基本要素」と言われているものの１つに「クライエントの発言に応答すること」というものがある。セラピストは，クライエントの発言にしっかりと応答することによって，「対話」を促進することができる。セラピストの反応・応答の精度を上げていくことは，「対話」するための第一歩であるとも言える。

ブリーフセラピーでも，「セラピストの反応（うなずき，相槌，共感的コメントなど）」の重要性は，ずっと言われてきていた（坂本・和田・東，2001）ので，私自身はこれまでも，それらを意識した心理臨床を心がけてきたつもりである。それが「対話」につながる大きな礎であることを，オープンダイアローグで確認できたことは，私にとっては大きな収穫であった。

では，これらの反応や応答によって「対話実践」につながるような「良質なセラピストの反応・応答」とは，どのようなものなのだろうか。

オープンダイアローグでは，

（A）クライエント自身の言葉を使うこと
（B）まだ話されていない物語のための場所を作るよう，応答を欠かさない傾聴を行うこと
（C）沈黙を含む非言語的な発言に調律を合わせ続けること

などという方法が，対話促進のための応答の仕方と言われている（Olson & Seikkula, Ziedonis，2014）。

これらの考え方には，「その４」でも述べたように，まったく同意するのだが，私にとって「良質な反応」のために，さらに「合わせる」ことと連動するような，セラピストが「主体的になること」が必要なのではないかと考えている（八巻，2002）。このセラピストが「合わせ」ながら「主体的になること」とは，セラピストが「トランス空間」に入る，あるいはクライエントとともに「トランス空間」を作っていくこととも連動していると考えられる。このことを以前は「クライエントとセラピストの間主体性」と呼んだ時期もあった（八巻，2006）。

この「主体的になること」が，セラピストに生まれてくるためには，アルフ

レッド・アドラーが述べている共感の定義，「相手の関心に関心を示す」「相手の目で見，相手の耳で聞き，相手の心で感じること」「あなた自身を相手の立場におきなさい」（Adler, 1930）という一連の言葉が参考になる。アドラーもまた「主体的なセラピスト」だったのである。

このセラピストの「主体的」な姿勢からくる応答のやり取り，そしてセラピストが行う「合わせ」によって，クライエントとセラピストの「守られた，安心・安全なトランス空間」が少しずつ作られていく。これらの一連の振る舞いが，松木先生や私が述べている「トランス空間」を，クライエイントとセラピストの間にさらに作りあげられていくための，重要な作業になるのだと思う。

その６．「問題」を「関係」の中で見ていくという心がけ・振る舞いをしていく

いつのまにか，私自身クライエントが語る「問題」や「症状」を，その人個人の中だけのものとして見ることは，少なくなってきている。それらは，かならず「関係」の中で起こっているからと考えるようになったからである。

「人間の悩みは，すべて対人関係の悩みである」とは，アドラーが言った有名な言葉（岸見，2013）だが，この考え方は，現代アドラー心理学では理論的に整理されて，「対人関係論（Interpersonal Theory）」あるいは「社会統合論（Social Embeddedness）」と呼ばれている。

このアドラーの言葉に対して「そんなことはない。人の悩みは対人関係以外にも，病気やお金などの個人的な悩みがあるではないか！」という反論をよく聞く。私の考えでは，アドラーは「その悩みを“対人関係の悩み”と考えたほうが，解決できますよ」という臨床家の立場から言ったのではないか，と思う。我々臨床家は，「問題」を「解決」するのが仕事であって，「解説」することは本来の仕事ではない。

オープンダイアローグでも，対話実践のための基本要素に「対話の中で関係が強調される点を作り出すこと」というものがある。それは，どのような病理的現象でも，実際のクライエントとセラピストとの関係，および特定の相互作用に対する反応である，とセラピストが捉えることが大事だということである。オープンダイアローグが治療の力を発揮できているのは，このようなセラピストの「関係性を重視する姿勢」にもあるのではないだろうか。

ここ最近，私のオフィスでは「盗撮」の問題を抱えている人が訪れること

が多くなっている。電車などでスマホなどによる盗撮行為をして警察に捕まり，「盗撮は再犯率が高いので，必ずカウンセリングを受けるように」と警察で強く言われて，一人であるいは家族とともに，カウンセリングを受けるために来室されるのである。

「盗撮」を含めて性犯罪の問題は，多くの場合，犯罪を犯したクライエントの「異常な性癖の問題」と，まさに個人内の（病理の）問題に捉えられて，それを抑止・改善する方法（有名な方法としては「条件反射制御法」など）を行う必要があると言われている。

それらの方法が，必要な場合があることは否定しないが，それ以前に，そのクライエントをぐる対人関係がどうなっていたのか，に焦点を当てることで，その悪い癖を変化させていくポイントが見つかることは多いと，臨床経験上強く思う。家族関係（特に妻との関係）や親族との関係，職場関係などを丁寧に聞いていくと，その行為に至るクライエントのナラティヴやシステムが見えてくるのである。そこには個人内だけの心理的・病理的な問題というものは存在しない。必ず，そのクライエントのまわりの人々との関係あるいはシステムの不健全な何かが存在していると考えられるのである。

アドラーは，「人生を社会的な関係の文脈と関連づけて考察しなければならない。（Adler，1929）」とも述べ，人間は社会的存在であり，どんな場合でも他者との関わりについて考える必要があると唱えたが，この100年近く前のアドラーの考えは，現代の心理臨床においても活きるセラピストのものの見方を示してくれている。

その７．「解決」はクライエントとともに見出す「オーダーメイド」の精神を持つ

「問題」は「クライエントをとりまく対人関係」の中に落とし込むもの，としたならば，「解決」は「クライエントとセラピストの関係」の中から創出されるもの，と考えられる。その創出は，「クライエントとセラピストが対話し続けること」によって起こる。それは，両者で問題の解決策を話し合う，「解決構築」の対話をしていけるようになることでもある。それは，「トランス空間」という土俵の上で，クライエントとセラピストとの対話を通して，「解決」が生まれてくるとも考えられるだろう。

当然クライエントによって，百人百様のオーダーメイドな「解決構築の対話」がある。ただ，オーダーメイド感，クライエントとセラピストが一緒に

作っていく感じを持つためには，対等な「対話」は不可欠である。その対等な「対話」を促進させる１つのセラピストのスタンスとして，私が好んで使うものの１つに「外在化」があげられる。

「外在化」とは，まず「問題」をセラピストが当たり前のように外に置く，あるいは外から来たものとして扱う。そして，外にあるそれについて，クライエントとセラピストが共に語り合い，つきあい方を考えていくような「対話」をしていく，この一連の流れが結果的に効果的な治療行為・作業となっていくのだと考えられる（東，1997：児島，2008）。

このような「外在化」は，技法というより，セラピストの「スタンス」（森・黒沢，2015）であること，あるいは，あらゆるものは「外在」であるという発想を持ち続ける「外在文化人」（高橋・八巻，2011）として振る舞うことで，心理臨床場面で有効に使えるものになるのだと思う。

私の場合，クライエントとセラピストの自分が，ともに「トランス空間」にいるからこそ，その中で自ら「外在文化人」として「主体的」に振る舞えるという感覚を持つことができ，そのことによって，さまざまな「解決」が創出されていくのだという感触を持っている。

こうして考えてくると，私の心理臨床の基本スタイルは，「安心・安全なトランス空間を，クライエントと共につくり，そこにいながら，その中で外在文化人として振る舞っていくことによって，解決がその中で生まれてくる」ということで，まとめられるものなのかもしれない。

さて，ここまで思うままにいろいろと書き綴ってきたが，このような私の心理臨床における配慮と工夫を生み出す「原点の姿勢」を最後に述べてみたい。

その８．臨床的な楽観的・主体的姿勢を持ち続ける

心理臨床では，思いもよらないさまざまな出来事や現象が起こる。私も未だに初回面接は「どんな方がいらっしゃるんだろう」という緊張感は必ず起こっている。もちろん，面接内外で「どうすればいいんだ？！」といった困難な状況になることもある。そのような中で，セラピストとして，主体的にセラピーをやりぬいていくために必要な姿勢は，何であろうか？

それは，どんな時であっても，セラピストが「今，私ができることは何か？」「これからどうしていくのか？」と問い・考え続け，アクションを起こ

すことだと思う。これらを「臨床的な楽観的・主体的姿勢」と呼びたい。

この姿勢は，松木先生と田嶌先生（田嶌，2009）の“全力で”心理臨床に取り組む姿勢から，学ばせていただいたと思っている。私にとって「全力」＝「楽観的・主体的」と考えている。あらためて，この場をお借りして，お２人に心から感謝の気持ちをお伝えしたい。

もう１人，アドラーからも，この姿勢を学んだ。

80年以上前に亡くなっているアドラーからは，未だに「クライエントが，少しでもより幸せになる心理臨床とは何か？　どうあるべきか？」ということを，私に問い続けてくれているように思う。この問いに常に答え続けようとすることが，今の私の心理臨床を支えているのだと，あらためて思う。

最後に，アドラーが，弟子たちによく語ったと言われている「２匹の蛙」のエピソード（岸見，1999）を紹介して，本稿を閉じたい。

２匹のカエルが，牛乳の入った壺のふちで跳ねていた。
ふと，足を滑らせ，２匹とも壷の中に落ちてしまった。
１匹のカエルは「もう駄目だ」と嘆き，溺れるに任せた。
しかし，もう１匹のカエルはあきらめなかった。
彼は，牛乳を蹴って蹴って蹴り続けた。
すると，ふと足が再び固いものに触れた。
いったい何があったのか？
撹拌された牛乳はチーズになっていた。
そこでピョンとその上に乗って外に飛び出せた。

文　　献

Adler, A. (1929) The Science of Living. Doubleday Anchor Books.（岸見一郎訳（2012）個人心理学講義―生きることの科学．アルテ．p.28）

Adler, A.（1930）AAC, Container 1, Lectures 1930. “Dr. Adler's Lecture to Teachers.” January 13, 1930, 6.

東豊（1993）セラピスト入門―システムズアプローチへの招待．日本評論社．

東豊（1997）セラピストの技法．日本評論社．

岸見一郎（1999）アドラー心理学入門―よりよい人間関係のために．KKベストセラーズ．

岸見一郎・古賀史健（2013）嫌われる勇気―自己啓発の源流「アドラー」の教え．ダイヤモンド社．

児島達美（2008）可能性としての心理療法．金剛出版．

松木繁（2003）催眠療法における“共感性”に関する一考察．催眠学研究，47（2），1-8.

森俊夫（2015）心理療法の本質を語る―ミルトン・エリクソンにはなれないけれど．遠見書房．
岡野憲一郎（1995）「治療者の自己開示」再考―治療者が「自分を用いる」こと．精神分析研究，39（4），205-207.
Olson, M. & Seikkula, J. & Ziedonis, D.（2014）The key elements of dialogic practice in Open Dialogue. The University of Massachusetts Medical School. Worcester,MA.（山森裕毅・篠塚友香子訳（2016）オープンダイアローグにおける対話実践の基本要素―よき実践のための基準．2016.05.13-15,オープンダイアローグワークショップ資料，1-38.）
斎藤環（2015）オープンダイアローグとは何か．医学書院．
坂本真佐哉・和田憲明・東豊（2001）心理療法テクニックのススメ．金子書房．
田嶌誠一（2009）現実に介入しつつ心に関わる―多面的援助アプローチと臨床の知恵．金剛出版．
高橋規子・八巻秀（2011）ナラティヴ，あるいはコラボレイティヴな臨床実践をめざすセラピストのために．遠見書房．
八巻秀（1999）イメージ療法におけるイメージの間主体性．催眠学研究，44（1），19-26.
八巻秀（2000）催眠療法を間主体的現象として考える事例を通しての検討．催眠学研究，45（2），1-7.
八巻秀（2002）心理療法においてセラピストが「主体的になること」．秋田大学臨床心理相談研究，２，1-10.
八巻秀（2006）特集論文　「関係性」という視点から見た催眠臨床―トランス空間とオートポイエーシス．催眠学研究，49（2），28-35.

コメント

松木　繁

八巻　秀先生は，私が「催眠療法における“共感性”に関する一考察」に関する論文を上梓した際に最初に目を付けてくれて，私の行う催眠療法を評して「関係性の催眠」と名付けて定義付けてくれた先生である。当時，すでに，八巻先生は「催眠療法を間主体的現象として考える――事例を通しての検討」という論文を上梓されていたのだが，その視点に私の催眠療法の見方と多くの共通点を感じられていたのであろう。「関係性」のテーマは，八巻先生の重要な臨床研究のテーマで，その後も，「関係性」からの視点で催眠療法を捉え，「『関係性』という視点から見た催眠臨床――トランス空間とオートポイエーシス」という論文を催眠学研究に上梓された。さらに，「関係性」のテーマを発展的にブリーフセラピーにおける問題解決へのアプローチ，「問題」や「症状」を「関係」の中で捉えシステム論的に解決の道を見出す方向へと進められ，今は，アドラーの考える「対人関係論」を主軸に，その活動をスクールカウンセリングにも拡げられて，第３世代のアドラー派としての日々の臨床実践をされてきている。この流れは田嶌先生の臨床実践の流れや私の催眠療法での実践とどこか流れを一にしているように私には思える。

八巻先生との出会いは，確か，大分で学会があった際の別府の温泉だったように記憶している。ほぼ初対面に近い時だったのに温泉でのぼせるくらい話し込んだように思う。その後は頻繁に会う機会もなかったのに，やはり，百年来の旧知のように会えばいつも話が弾み楽しい時間を共有させてもらえる仲間であった。臨床研究や臨床実践の流れを一にしているのであるから，当然と言えば当然なのかもしれないが，今回の論文を拝読しその臨床姿勢を垣間見させて頂くにつれ，やはり，八巻先生は，「臨床の職人」だったなと改めて確信した次第である。

八巻先生が「心理臨床をしていく上で大切にしている８つのこと」はいとも簡単に書かれているが，実は，なかなか難しいことばかりなのである。その１～その３は，私の言葉でいえば「心理臨床の“場”（治療の“場”）」を整える作業にあたる。「自分のその日の心身の健康状態「体調」「心調」を把握する」，「クライエントとお会いする前に確認・準備できることがある」，「お会いしたファーストコンタクトでできること」，これらは心理臨床家ならば当たり前の配慮なのだが，これをいつも意識している臨床家はどれくらいいるのだろう？　私はこれらに加えて，神田橋先生の影響かもしれないが，面接室の“気”の流れの調整などもしたりしている（これはさすがにいかがなものかと思い，学術的な場では言わないようにしているが，部屋の空気を換えるだけで調子が良くなる Cl. がいることも臨床的事実ではある）。「臨床の“場”」が整うと，すでに，それ自体の中で自然に「動的調和」が起こり始めるのが不思議である。「催眠トランス空間」を構成するまでの配慮に通じるものがあると読ませて頂いた。

その４～その６ではブリーフセラピーで言われるところの「ジョイニング」，「リフレクション」の重要性がこれもあっさりと書かれている。しかし，「内側からの理解」を行いながらの「ジョイニング」の“コツ”や，「相手の関心に関心を示す」アドラーの言葉を引用してのオープンダイアローグによる「リフレクション」の“コツ”が書かれている。私の主張する「催眠トランス空間論」の中で示した４段階の図に入っている矢印は，実は双方向的な相互作用を象徴的に表したものであり，催眠療法の展開を効果的なものにするためには，ここでの臨床姿勢が重要になるという点で共通している。

そして，その６～その８では，「対人関係論」を主軸にした問題解決の道筋を示しているが，「関係性」が強調されて説明は続くが，個別性の尊重が重要だという姿勢や問題解決の基本はCl.の主体的な活動にあることを強調している点も私の考えと通じるものがあるように思った。

最後に，そうした臨床を支えるTh.の臨床姿勢は，「臨床的な楽観的・主体的姿勢」だと言いきるところは，やはり，「臨床の職人」なのだと思った。

文　献

八巻秀（2000）催眠療法を間主体的現象として考える―事例を通しての検討．催眠学研究，45（2），1-7.

八巻秀（2006）特集論文「関係性」という視点から見た催眠臨床―トランス空間とオートポイエーシス．催眠学研究，49（2），28-35.

第３部
心理臨床仲間との「かかわり」

第1章

ブリーフセラピーが心理臨床家の養成に貢献できることは何か
――スクールカウンセリングの現場から

Ⅰ．はじめに

私の心理臨床経験の始まりは，東京都心部にある精神科クリニックでした。そこでの師匠でもあったクリニックの院長は，主に精神分析の考え方を重んじていて，研修生の立場であった私も当然のことながら精神分析という壮大な臨床理論を学ぶことが必須事項でした。ケースを担当しながらクライエントの転移や自分の逆転移などを指摘され，教育分析を受けながら自己分析を行う……そのような臨床あるいは研修の現場から始まった私の心理臨床のものの見方は，今となってはブリーフセラピーの世界にどっぷりとはまっています（いやいや精神分析の考え方を捨てているわけではありませんが……）。

また2001年からずっと臨床心理士養成大学院の教員として働いていたり，実際に小中高等学校の現場でスクールカウンセラーとして勤務したり，あるいは学校現場に派遣されて講演をしたり教師へのコンサルテーションを行ったりなど，特に教育臨床・学校臨床といわれる主にスクールカウンセリングの現場において，心理臨床活動に携わることが多くなってきました。

私自身の臨床における考え方の重心が「精神分析的思考」から「ブリーフ的思考」へ，そして臨床の現場が「病院臨床中心」から「教育臨床中心」へと少しずつ変わってきている中で,「ブリーフセラピーが心理臨床家の養成に貢献できることは何か」というテーマをいただいたのでした。

このテーマについて考えるにあたって，自分の頭の中ではその内容のコンセプトは意外とスムーズに出てきたように思います。もしかすると，このことを通して，自分の臨床経験やものの見方の変容の過程が整理できたのかもしれません。本稿を通して，さらにその整理が進むことを願いつつ，さっそく本論を進めていきたいと思います。

Ⅱ．スクールカウンセラーのペア勤務の経験から感じたこと

東京や大阪など大都市部を除いた地方では，その土地に在住・在勤する臨床心理士の数は少なく，スクールカウンセラーのなり手が少ないというのが，地方の教育臨床現場の実情です。ところが，スクールカウンセラーを派遣してほしいと強く望む学校は地方においても多く，少ない人材でより多くの学校にいかにスクールカウンセラーを派遣するかという点で，地方部におけるスクールカウンセラー配置のやりくりにはどこも苦労しているようです。

以前私が所属していた某県の臨床心理士会も苦肉の策として，スクールカウンセラーの「ペア配置方式」という方法をとっておりました。それは１つの学校に２人のスクールカウンセラーを派遣して，各々が週１回４時間ずつ勤務するという勤務形態です。この方式だと大学院を出たばかりのような若手の心理士が，中堅以上のスクールカウンセラーとペアで１つの学校に勤務することにより，臨床指導を受けながらスクールカウンセリング活動を行えるというシステムです。いわゆる大学病院における研修医のように臨床指導を受けながら勤務するという体制と同じ形ですね。このシステムによって，若手も（ある程度は）安心してスクールカウンセラーとしての勤務が可能となります。私もここ数年ほど何人かの若手のスクールカウンセラーの方と組んで勤務する経験を持ちました。

ところで，私がスクールカウンセラーとして勤務し始めた時の最初の方針は「その学校内で仲の良い先生（あるいは職員）を２人以上作る」です。そのために最初は徹底的に先生方へのジョイニング（仲間入りすること）に専念します。そして少しずつ仲良くなった先生からいろいろな情報を聞き出すことができるようになれば，あとは生徒とのカウンセリングを中心にじっくり取り組むことができることが多いのです。そのような流れで勤務し始めていると，先生方との雑談の中で，もう１人のスクールカウンセラーの評判も自然と耳に入ってきます。

「（もう１人のスクールカウンセラーの）Ａ先生は，生徒を任せるとよくやってくれるし，生徒や父兄からの評判も良いんですが，あんまり話したことないんだよねー」「Ａ先生，職員室にいるとポツンとしていることが多いん

ですよねー何か元気ないよね」などなど。先生方から聞こえてくる声は「生徒や保護者からの評判はボチボチだが，先生方とのコミュニケーションは今ひとつ」という少々厳しい評価。これではいかんと思い，Ａ先生にさりげなく「先生方にもっと声かけてみたら？」とアドバイスすると，Ａ先生も「そうですね」としっかりと返事をしてくれる。そうしてしばらく様子を見るが，やはり大きな改善が見られず，また先生方から同じような評判が聞こえてくる。

「結局これは，年齢や経験の問題なんだろうか？　それともキャラの違い？」と自問自答した時もありましたが，Ａ先生と私の学校内での臨床活動の仕方の違いについて，さまざまな情報を元に考えてみると，ふと忘れかけていたクリニック（研修生）時代の自分の体験が思い出されてきました。そして，Ａ先生と研修生の頃の自分の行動パターンがよく似ていることに気づかされたのです。

その似ている部分とは「その時期に“何か”にとらわれて，まず考えることが行動することより先行していたこと」。

この“とらわれ”には，その人によって，いろいろなものが入り込んでいると思われますが，研修生時代の私は，“人間とはこうあらねばならない”という強い自分の「信念」に近いものが，この“とらわれ”の一つだったかなと，今からふり返ると思い出されます。

そのようなことを考えているうちに，この“とらわれ”から私を少し自由にしてくれたのが，「ブリーフ的」な発想，つまりブリーフセラピーの哲学のようなものだったのだということも思い出してきました。今でも思うのですが，臨床の現場で行き詰まっている時，これらの状況を打ち破るには，セラピスト自らの中に「ブリーフ的」な部分を広げていくことは，行き詰まりを打破する一つのあり方ではないかと，私自身のささやかな経験から強く思うのです。

Ⅲ．「ブリーフ的」とは何か

ちなみに「『ブリーフ的』な部分とは何か？」という点については，以前の論文（八巻，2005）でも１度書きましたし，この本を読もうとする方であるなら，もしかすると常識的な問いなのかもしれませんが，念のために示しておきます。

以下の「ブリーフ的」に対するキーワードは，私の主観プラス以前の学会

表１　「ブリーフ的」のキーワードの例

短期･効率的　ざっくばらん　楽しい場を作る　会話すること　ユーモア　面白いこと･良さそうなことは何でもやってみよう　解決志向　相互作用の重視　変化の重視　サービス業的意識　自由な発想　トリッキー　現状の硬直化しているものを打破すること

の企画において参加者の皆さんから聞き出したものも含まれています(表１)。

このように「ブリーフ」のイメージとは，“若々しく，体も頭も働かせている”という印象が強く出ているように思います。あらためて「ブリーフ的」なことは，頭も体も「うごく」こと，つまり「できる」ことが基本コンセプトなんだとつくづく感じます。このコンセプトから，ブリーフセラピーは，心理的な出来事を内省的に掘り下げていくのとはまた違う，動きや関係の中で心理変化のポイントを探し出し変化を促していくという「実効性の高い」臨床のスタイルが確立しているのではないでしょうか。

ちなみに菅野（2006）は，カウンセラーとしての「わかること」と「できること」の違いについて，これまでのカウンセリングの世界が伝統的に「わかる」レベルに留まっていたことを指摘しています。ある意味で“とらわれ”にとらわれている状態は，「わかる」ことに留まっている状態ともいえるかもしれません。考えてみると，私たちが受けてきたこれまでの学校教育では，「わかる」と「できる」が一緒であるという大きな誤解があるようにも思います。わかればできるなんて甘いものじゃないことは，臨床の世界に限らず社会に出れば，常識のことかもしれません。

さて，ここで考えておきたいことは，どのようにすれば「わかる」から「できる」へ持っていけるのかということです。そのための養成・教育とはどうあるべきなのでしょうか。

「できる」ようにする教育の典型は，職人の世界に代表されるような「徒弟教育」があげられると思います。津川（2005）も指摘するように，我々が行っている心理臨床活動は，職人の世界から学ぶものは多いことは確かなようです。前述したように「できる」ことを重視する「ブリーフ的」なエッセンスは「職人的」な要素も多いのかもしれません。

Ⅳ．セラピストの新しいタイプ論

この「ブリーフ的」というイメージを共有したところで，このイメージを参考にしながら，高良（2005）が示したユニークなセラピストのタイプ論をここでご紹介しようと思います。

高良氏は，世の中のセラピストは大きく分けて二つのタイプがあると述べています。それは「思考内省系」と「筋肉運動系」です。それぞれのタイプについての説明は以下のとおりです。

（１）思考内省系：じっくり熟考して内的イメージを大切にするタイプ。臨床心理学を志向する多くの方々は，内的世界で遊ぶことが得意なこのタイプ
（２）筋肉運動系：考えることよりも行動を好む。失敗を糧にして成長してきたタイプ。能動型サービスをしがち

高良氏自身は自らを「筋肉運動系」であると述べており，心理臨床というサービスを提供する者として，自らの臨床的態度（タイプ）を洞察することは，心理面接の雰囲気を察知する上で大切であると述べています。

個々の心理面接に限らず，スクールカウンセリング活動を行う学校現場であっても，スクールカウンセラーと教職員とが織りなす互いの雰囲気が，通常のスクールカウンセリング活動の善し悪しを決めるといったら言い過ぎでしょうか。ちなみに学校の先生は，極端にいうといわゆる「体育会系」のりの（要するに考えるより動く方が優先する）タイプの方が多いように思われます。あるいは別の観点で述べるならば，心理変化より行動変化の方を優先して考えるタイプの方が多いのではないでしょうか。

そのような学校の先生方の中で，スクールカウンセラーが「思考内省」を重視した振る舞いをされると，学校内では貴重な唯一の存在，悪く言えば浮いてしまう，あるいは学校の先生方にとっては扱いにくい存在になってしまうでしょう。似たような現象は，研修などで身につけた「カウンセリング・マインド」を強く持つ教育相談担当の先生や養護教諭が，他の先生方から孤立しがちになってしまうことにもよく見られます。良い意味でも悪い意味でも「心理学づいた」あるいは「思考内省タイプ」に偏りすぎているスクールカウンセラーでは，今の学校組織内では煙たがられる存在になってしまう可能性は高いと思われます。

元々臨床心理学を志向する人は「思考内省系」が多いという高良氏の指摘には，大学院で臨床心理士養成教育の経験を持ってみると，まったく同感・痛感するところです。多くの「思考内省」傾向が強くかつ頭の良い優秀な学生が，幸か不幸か臨床心理士指定大学院に入学し，そして修了して臨床現場に入っています。そのような学生や臨床家には，明らかに臨床的な“筋肉”は

ついていないことは，ほぼ確実かと思われます。だからこそ臨床家や臨床家を目指す多くの方に足りないと思われる「筋肉運動系」を活性化させる，つまり自らの臨床的な意味での“筋肉”を意識して鍛えていく必要があるのではないでしょうか。

では，そのために何をすれば良いのでしょうか。先に示した「動く」こと，「できる」ことを基本コンセプトとするブリーフ的なものの捉え方の中にそのヒントが隠されていると思えるのです。

V．心理臨床家が「筋肉運動系」を鍛えていくために何をするのか

ここで，これまで私なりに実践してきた「臨床的“筋肉”トレーニング」をいくつかご紹介したいと思います。

1．相手の動きを読む練習：身体言語を読める観察力

秋田大学では2001年から毎年，大学院生や心理臨床家を対象として「催眠療法」と「動作法」のワークショップをそれぞれ開催し，また大学院の正規の授業においてもこの二つの技法の実習を行っています。どちらの技法も「言語」だけではない，「非言語」あるいは「身体言語」を丁寧に観察し利用する臨床技法であることは共通しています。

大学院生にとってこのカリキュラムは，そのような“観察眼”を鍛えることにつながっているようです。これらの技法そのものを実際に臨床で使用しなくとも，その技法を使ってみる体験実習を何度も繰り返すことによって，臨床においては重要な武器となる“観察眼”をトレーニングすることが可能であると思われます。それは料理人が包丁を毎日研ぐように，心理臨床家は“観察眼”を磨くというイメージでしょうか。吉川（2005）も同じように催眠を臨床家の観察力の向上のためのトレーニングとして奨めています。

2．場（空気）を読む練習：雰囲気をつかむ・見立てる

高良（2005）が指摘する「雰囲気」は，それを読む・見立てるというトレーニングの対象にしてもよいのではないかと思われます。この「雰囲気を読む・見立てる」ということは，ある意味では日常茶飯事なので，その行為を行う場面を限定して，そこで意識的に行うことがトレーニングになるのではないでしょうか。例えば，会議中などの議論の流れやその空気を読む，飲み会での自らの振る舞いの研究してみる，などあげればきりがありませんが，

多くの大学院生が体験すると思われる学会（研究会）の裏方の仕事をやってみることなどもこの「場の雰囲気」を読む練習としては格好の機会かもしれません。多くの大学院生が大学の先生から命令されて（？）やっていることは，実は臨床のトレーニングに十分なりうるのです。もちろんそれを「意識」していなければ全くトレーニングにはならないでしょう。

３．現場で動いてみる練習：フリーズしない体にする

さまざまな現場において，あいさつ，声かけ，雑談を振るなどという「声を出していく」技能は，人間関係を円滑にするためには大切なことですが，これも意識すれば臨床的“筋肉”トレーニングになります。

斎藤（2004）は「フリーズしない体」という表現で，人間の持っている自由なコミュニケーションの可能性を示唆しています。フリーズしないとは，その場で動ける（あるいは反応できる）体になっているということ，つまり「エネルギーにあふれる反応の良い身体を持つ」ことです。そのためには声を積極的に出していくこと，「声を出す」ことは一つの運動なのです。まさに“筋肉”トレーニングです。

私たちはこれまで「聞く」ことを重視した考え方を学ぶ機会は多かったように思いますが，それと同じくらい重要なのが自らの「声」なのではないかと思います。菅野（2006）も指摘するように，私たちは相手に届く「声」をもっと鍛えていく必要があると思います。また私自身は「講演」をすること（あるいは研修会や授業など大人数の前で話をすること）も重要な心理臨床活動の一つである（八巻，2006）と考えていますが，それと同時に講演は，会衆に届く「言葉」や「声」を発する機会として重要な“筋肉”トレーニングになりうるのではないでしょうか。これまで臨床心理士が行う講演は，心理臨床活動においては副次的なものという考え方が多かったように思われますが，むしろそれに対する取り組み方次第で心理臨床活動や臨床的なトレーニングにもなりうると考えられるのです。臨床心理士が講演をするという機会が増えている今，このように意識していくことも重要かもしれません。

Ⅵ．ブリーフセラピー（的ものの見方）が
心理臨床家の養成に貢献できること

これまで述べてきたことをまとめてみましょう。本論で一番お伝えしたかったことは「臨床家として（特にスクールカウンセラーは）“筋肉”をつける

という発想」の重視という点です。“筋肉”という部分の変化に比べて,“あたま”の変化はなかなか時間がかかるもの，それこそ「ブリーフ」的に臨床の腕を上げる手段・発想としての“筋肉”トレーニングがあるのではないかと思います。別の言い方をするならば,「知恵がないなら，体力（行動）で勝負！」ということでしょうか。これらの発想は，学校現場における心理臨床活動においては，まず学校のニーズは何かを“足”でつかむ，つまり情報収集はあらゆる所からジョイニングしながら探し出す，という初期のフットワークの良さにつながっていくのだと思います。私自身も用務員との雑談という何気ない会話から，教員が密かに使用している「たばこ部屋」の存在を聞き，そこに通い詰めてそこで教員と仲良くなっていったという経験などは,“足”でつかんだ心理臨床活動の一つとして思い出されます。

ブリーフセラピーの哲学は，これまでの「思考することによって，動ける」という心理臨床家養成のプログラムに加えて,「動くことによって見えてきたものを思考する」という新しい養成のあり方を提供していると考えられます。それは特にスクールカウンセラーの養成には必要不可欠な養成のあり方なのではないかと思われます。

学校臨床においてネットワーク活用型心理援助を提唱している田嶌(2003）も,「介入しながら考える」「動きながら考える」という面接室の外に出て動いていくという臨床心理士の姿勢も重要であると指摘しています。田嶌氏はブリーフセラピストではありませんが，この指摘は十分にブリーフセラピーの哲学と共通しているといってよいでしょう。そして本論で示した臨床的“筋肉”トレーニングというブリーフ的発想によって，この「動ける」部分を心理臨床家が意識的に鍛えていくことができるのではないかと考えています。

最後に，この田嶌氏の研究室のシンプルなスローガンをご紹介して本論を閉じたいと思います。

こころはアマチュア，腕はプロ。補おう，腕の不足は体力で。

文　献

斎藤孝（2004）コミュニケーション力．岩波書店.
菅野泰蔵（2006）カウンセリング方法序説．日本評論社.
田嶌誠一（2003）臨床心理行為の現状と課題． In: 氏原寛・田嶌誠一編：臨床心理行為―心理臨床家でないとできないこと．創元社.
高良聖（2005）雰囲気としての心理面接―そこにある 10 の雰囲気．日本評論社.

津川秀夫（2005）心理臨床における基礎研究のすすめ―宮大工の知恵に学ぶ．ブリーフサイコセラピー研究，14，51-57．
八巻秀（2005）ブリーフセラピー的実践研究とは．ブリーフサイコセラピー研究，14，44-50．
八巻秀（2006）スクールカウンセラーが「講演」を行うということ―講演・研修会における心理教育的アプローチの可能性．日本心理臨床学会　第25回大会プログラム・抄録集，43．
吉川悟（2005）臨床心理学キーワード　第27回　ジョイニング／観察／相互作用．臨床心理学，5（4），566-568．

第２章

《書評》
和田のりあき著『がんに負けない心理学――臨床心理士が教える心の応急手当とケアの方法』2009年，PHP研究所.

I．はじめに

これは突然，医者から胃がん第４ステージを宣告されたある臨床心理士が，自らの経験を書き綴った本である。そう言われると，一般向けに書かれた「がんの闘病記」であるように思えるかもしれないが，その内容はただの闘病記にとどまらない。今がんと闘っている当事者やそのご家族を読者対象としているだけでなく，私たち心理臨床家にとっても，非常に考えさせられる，学びとなる要素を大いに含んでいる１冊である。

しかしながら，文体は，著者である和田のりあき先生の人柄が滲み出ているような，読者にやさしく語りかけてくる感じで，とても読みやすい。

いざ読み始めると，どんどんとその内容，つまり告知を受けたがん患者である和田先生の内的・外的体験や，それらを通して得た知恵や工夫などが，とても分かりやすく書かれていて，元々本を読むスピードが遅い方である私でさえも，あっという間に読み終えた本である。

ある意味では，和田先生の魂が込められているとも言えるこの貴重な本を，より多くの臨床家の方にも読んでいただきたいという願いも込めて，ここに取り上げてみたい。

Ⅱ．この本の読み方いろいろ

今回この本の書評の執筆にあたって，あらためて２度３度と繰り返し読み直してみた。そうしていると，１回目の読みでは，読みやすさ・分かりやすさの裏に隠されて気づかなかった，さまざまな読み方・学び方ができるということが見えてきたのである。この点について，思いつくまま３点ほど，この本の読み方のバリエーションとして述べてみたい。

１．当事者研究・事例研究として

第１章「心の中でこんなことが起きる」から第２章「心の中にあることを話そう」にかけて，和田先生は，がんを宣告された後の患者としての自らの心理状況を，とても丁寧にかつ詳細に描いている。いわゆる１人の「がん患者のナラティヴ」が記されていると言っても良いであろう。

「ナラティヴ」とは，「語る」という行為と，「語られたもの」という行為の産物の両方を，同時に含意する用語であり，語り手と聞き手の共同作業によって成立する社会的な行為・産物でもある。本書を読み進めていくうちに，自然に和田先生の語りを聴かせていただいているように感じられ，著者自らの体験とその意識の流れを，読み手側もいつの間にか追体験している，まさにナラティヴな体験をしているように思えた。

例えば，和田先生がドクターからのがんの宣告を受けている時，自分の意識の中に「３つの自分」がいたと次のように述べている。

> 一つは強気な自分。
> 「しっかりしろ。取り乱すな。冷静に受け止めるのだ」
> もう一つは弱気な自分。
> 「なんで，おれがこんな目にあうの。うそだろう。もう死んでしまうの。恐い。助けてくれよぉ」
> そして，冷静な自分。
> 「おいおい，こういうのってあり？　「やっちまったなあ。男は黙って胃がん」ってギャグにして子どもに伝えると，受けるかな」（p.27）

このように和田先生は，人が危機的状況になった時には，「強気」「弱気」「冷静」の「３つの自分」が現れることを意識し，その後もこの「３つの自分」と対話しながら，闘病生活を送り続けている。そのような中においても，丁寧に自己観察を行っていること，そして和田先生の持ち味でもあるユーモアの精神を忘れていないことに，正直なところ驚きを隠せない。

いずれにせよ，この本は，がん宣告というパニック状況下での当事者が，どのような心理状態に陥るのかを学ぶというレベルだけにとどまらない，貴重な当事者研究・事例研究の書であると言えるだろう。

ところで，臨床心理学における事例検討・事例研究の重要性については，ここで言うまでもないくらい自明のことであるが，その事例そのものの「描かれ方」については，これまであまり論じられていないように思える。正直，ただクライエントの語りとセラピストによる解釈だけを報告している事例を聞くと，まるで他人の日記を一方的に聞かされているような，退屈さと恥ずかしさが入り交じった複雑な思いに駆られてしまう。

では，良い学びとなりうる事例の「描かれ方」とは，どのようなものなのだろうか。

河合（1992）は，事例研究の意義について，以下のように述べている。

> 臨床の知を築く上で極めて重要なことは，主体者の体験の重視であり，その「知」は内的体験を含めたものである。従って，その「知」を伝えるときは，事実を事実として伝えるのみではなく，その事実に伴う内的体験を伝え，主体的な「動き」を相手に誘発する必要が生じるのである（p.277）。

本書での事実の描かれ方は，がんという事実に伴う著者の内的体験を，平易に，丁寧に，そして率直に描いているのが特徴である。それゆえ，読み手には河合が述べるような「主体的な『動き』が誘発」されているのではないだろうか。この本での当事者視点による，まさに真っ正面からの事例の描き方を読みながら，正直に自らの内的体験に向き合い，それを分かりやすい言葉で語る・書き綴ることの重要性について，あらためて考えさせられた。

２．不測の事態への心の対処の仕方を学ぶために

この本は，危機状況に陥っている当事者が，そこからどのようにして心理的に克服していくのか，という意味でも，とても参考になる書でもある。

実際，和田先生は上述した「強気」「弱気」「冷静」の３つの自分とのつきあい方を，次のように書いている。

>「三人寄らば文殊の知恵」といいます。自分という存在は，弱いだけの自分では，決してありません。「弱い自分」「強気の自分」「冷静な自分」――急場をしのぐために，この三人が結束してチームを結成するのです。いわば，チームワークでこの危機を乗り切るわけです（p.96）。

自らの意識の中に発見した「強気」「弱気」「冷静」の３つの自分を結束させ，チームワークを発揮させる。現れた３人の誰かを無視したり，無理に１つに統合しようなどとは思わずに，それぞれの独自性を認めながらやっていく。まるで今でいうところのオープンダイアローグ（斎藤, 2015）で重要視されている「多声性（ポリフォニー）」の考え方を，この時すでに和田先生が自ら取り入れているのは驚きでもある。ちなみにオープンダイアローグの源流である家族療法では，参加している人々のそれぞれの言い分を聴きながら，決して誰かを悪者扱いして責めることなく，それぞれの意見を丁寧に束ねていくことが多い。この「３つの自分」のチームワーク作戦は，家族療法家でもあった和田先生の真骨頂とも言える発想かもしれない。

この「３つの自分」だけでなく，危機的な状況に陥った人へのさまざまなモノの見方を変えるヒントが，本書の中には数多くちりばめられている。

第３章「正しいことよりも楽なことをしよう」や，第６章「気分が明るくなるちょっとした行動」の目次を読むだけでも，十分に著者からのメッセージが伝わってくる。例をあげると，「病気を正しく理解するための情報収集をしない」「眠れない夜は，無理して寝ない」「お風呂の入り方をひと工夫する」などなど，一般常識にとらわれないユニークなヒントが満載である。これらのヒントは，私たちが生きている限り，必ず出会うであろう，あらゆる不測の事態への対処法としても，大いに役立つであろう。

これらのヒントを眺めてみても，和田先生が行ってきたカウンセリング作業の一端が，垣間見られるようである。和田先生が書いた別の著書（和田, 1999）でも「それぞれの心の形にあった納得のいくやり方を見つけていく――そんな作業がカウンセリングなのです」と述べている。いかに相手にフィットした，あるいは，相手が実行可能な，提案・助言を行うことも，心理臨床家として重要な技の１つであることを，あらためて思い知らされた。

３．状況に応じた人とのつきあい方・家族への配慮を学ぶために

和田先生は，心理臨床家として駆け出しの頃，かの有名な「小郡まきはら

病院」に勤め，我が国の家族療法のマスターセラピストである牧原浩，東豊の２人から直接教えを受けている。

そこで和田先生が学んだ家族療法の知恵の１つとして，「問題行動より，それに付随する人間関係への配慮が重要である」ことを述べている。例えば，病院において入院中である患者が，何度も規則を破り，看護師の手をわずらわせるような場合，それまで行われてきたケース検討のやり方を変え，当該の患者も交えながら対応の仕方を検討するという方法を採用した（牧原監修, 2006)。

これも患者の問題行動に焦点を当てるのではなく，患者と看護師，看護師同士，看護師と治療者などの人間関係をこじらせないような配慮の方に，むしろ焦点を当てているという，家族療法的な発想による解決策である。

和田先生は，クライエントを含めたまわりの人間関係（もちろんセラピスト自身も含む）を，より良好にしていくことが，目前にある問題に対処する最も有効な手段であることを，やはり本書を通しても伝えているように思える。入院中の同室患者や看護師，主治医との良好なつきあい方・利用の仕方などが，語られているのはもちろんのこと，自分の親や兄弟，あるいは子ども達に，自分はがんであることを，さまざまな配慮をしながら，どのように伝えたのかということまで，詳細に描いている。

また第７章では，「家族へのアドバイス」として，がん患者を持った家族のために，１つの章を立てている。この章を読むと，和田先生が行うがん患者がいるご家族への家族療法に，まるで自分が陪席している感じを持つことができる。そのような時，セラピストとしての和田先生の家族への語りかけは，家族への優しいいたわり・勇気づけ，そして良い意味でのソフトな励ましが混在している。

本書の「はじめに」の前にも，以下のように書いている。

> がんの宣告を受けたばかりの家族の方に。
> 大丈夫です。
> これから先のことが大切です。
> あなたの協力があれば，とっておきの心の抗がん剤ができます。
> それをこの本でお教えします。大丈夫です（p.3)。

本人以上に，ストレスが大きくかかるであろう家族への，まさに和田先生からの力強い勇気づけの言葉である。

和田先生と同様，私もまた家族療法の考え方に共鳴し，それを臨床に採り入れている。しかしながら，和田先生は，臨床の現場だけでなく，日常生活においても，相手やその周辺の家族を含めた人間関係を，より良好なものにしようと常に配慮しながら，セラピストとしてジョイニングや勇気づけを心がけている。そして，システム論的発想による「まず手をつけられる小さなことを見つけ，行動に移す」というセラピストの姿勢を維持しているのである。このような和田先生の姿勢は，心理臨床家としてに留まらず，人として見習っていきたい生き方のスタンスである。

Ⅲ．和田臨床をあらためて学ぶ

和田先生が携わってきた臨床現場は，精神科病院をはじまりとして，開業，産業メンタルヘルスへと変わっていった。その変化する現場に対して，「郷に入っては郷に従え」というジョイニング精神に徹するように，自らの臨床スタイルも変化させている。その結果としての一例として，臨床心理士としてものづくりの会社に勤務しながら，エンジニアリングを学び，VEL（バリュー・エンジニアリング・リーダー）の資格まで取得したことがあげられるだろう（和田，2008）。

そして，本書を執筆している和田先生自身が，その時点でジョイニングしている現場は，入院している病院，いや，それだけにとどまらない「がん患者としての自分を取り巻く状況すべて」なのである。

実は，本書から最も私が学んだ部分は，和田先生が，現在与えられた現場において，常に徹底してジョイニングを行おうとしているというスタンスかもしれない。

著者である和田憲明先生は，ジョイニングを何よりも重視されたセラピストであったと思う。

しかしながら，和田憲明という心理臨床家から，学べることはこれだけではない。まだまだあるのだ，さらにじっくり学んでいこう。本書を含めて和田先生の書かれた本を，あらためて読み直しながら，今はそう考えている。

Ⅳ．最後に

最後に個人的なことであるが，和田先生との思い出を少しだけ述べさせていただく。和田先生とは，最初は学会でお会いするだけの関係ではあったが，何度かシンポジウムなどで，ご一緒する機会を持つことができ，その打ち合わせ等でお話しする機会も持つようになった。いつもはじけるような笑顔で，元気で，冗談を連発し，その存在そのものが，まわりを明るくしてくれるような人であった。まさにジョイニング，勇気づけの達人だったと思う。

残念ながら，和田憲明先生は，2009年11月13日11時13分にご逝去された。最後まで，周囲へのやさしさと，思いやりに満ちていたとのこと。享年51歳。本当に若すぎるご逝去である。あらためて，この場を借りて，先生のご冥福をお祈りしたい。

私自身，今までもそうであったように，これからも自分が心理臨床家として，心揺らぐこと・悩むことがあるだろう。そんな時に，また読み直しながら，臨床家としての原点を確認する本，その1つが本書になると思う。

和田先生ご自身もそう願っていたように，より多くの皆さんにこの本が読まれ，津々浦々の病院の診察室や待合室におかれることを最後に念じながら，本稿を閉じさせていただく。

文　献

河合隼雄（1992）心理療法序説．岩波書店．
牧原浩監修・東豊編（2006）家族療法のヒント．金剛出版．
斎藤環著／訳（2015）オープンダイアローグとは何か．医学書院．
和田憲明（1999）そのうちなんとかなるもんだ―心がほぐれる心理学．PHP研究所．
和田憲明（2008）心の荷物がちょっぴり軽くなる日曜日のメンタルヘルス相談室．PHP研究所．

第３章

「ある本を完成するにいたるまでの物語」と「ナラティヴ・セラピスト高橋規子について」

ワークショップ以前
――２人の会話から３人の会話へ，そしてワークショップへ

2011年に刊行された『ナラティヴ，あるいはコラボレイティヴな臨床実践をめざすセラピストのために』（遠見書房）の本は，ナラティヴ･セラピストである高橋規子さん（心理技術研究所・所長）との共著であるが，その作成プロセスは，私の中では忘れられない思い出を伴っている。本稿では，この本を作成するプロセスに関して，書かせていただこうと思う。それは，ある２名のセラピストと編集者１名との出会いから始まり，その３人によるワークショップの開催，そしてそれを土台としてセラピスト２名が執筆という大まかな流れであるが，まずはその本の土台となったナラティヴ・ワークショップを実施するに至った経緯を描くことにする。

私が高橋規子さんと出会ったのは，1990年代の終わり頃，東豊先生（当時，神戸松蔭女学院大学。現在，龍谷大学教授）によるシステムズアプローチのワークショップであったと記憶している。その当時，高橋さんは，東先生のワークショップの一参加者として，自ら事例提供をされていたが，当時，私と同世代の若手であったにもかかわらず，その報告した臨床事例のあざやかな展開に，それを聞いた直後は「ぐうの音も出なかった」ことを記憶している。

「この見事な臨床実践は何なんだ？　同世代なのに，何でそのような素晴らしい臨床実践ができるのだろう？　セラピスト高橋規子とは何者？」などと

いう疑問が，当時の私の頭の中を次々とよぎったのを覚えている。

その後，偶然にも高橋さんと同じ職場（東京カウンセリングセンター）で一緒に働く機会に恵まれ，少しずつ話をする時間が持てるようになった。1998年頃のことである。雑談から次第に臨床についても話すようになり，私は，高橋さんから「その切れ味の良い臨床は，どのようにしてできるのか？」ということを，何とか聞き出そうとしていたが，当時の私の質問力・理解力では，残念ながらそれを聞き出し，理解するところまでいかなかったようである。

その後，高橋さんは日本家族療法学会を中心に，新進気鋭のナラティヴ・セラピストかつその論客として，名を馳せることになっていく。

2001年に，私は東京から秋田に職場を移すことになるが，高橋さんとはいくつかの学会などで会って話をしたり，秋田でのブリーフセラピーの研究会のワークショップ講師としてお呼びしたりと，交流は続いていた。特に秋田でのワークショップでは，初めて見る高橋さんによるロールプレイのデモンストレーションと，その後のロールプレイの解説を見聞きし，自らセラピストとしての所作・振る舞いについて，ここまで意識・観察して，それを分かりやすく言語化できるものなのかと，またまた「ぐうの音も出ない」感覚を持った。

そして，再び立ち上がってきた疑問は「いったいこの人の頭の中身は，どうなっているのか？」というものであった。

次第に私の関心事は，高橋さんの臨床感覚・臨床能力だけにとどまらず，その認識・ものの見方にも及ぶようになった。そのことは同時に，当時彼女が精力的に取り組んでいたグーリシャン Goolishian, H. のコラボレイティヴ・アプローチをはじめとする「社会構成主義に基づくセラピー」について，私もまた積極的に勉強し始めることにつながっていく。

2006年に，私は秋田から再び東京へ戻り，自らの心理臨床オフィスを開業することとなった。そのオフィスの場所として選んだ場所（東京都立川市）が，偶然にも高橋さんが開業している場所（東京都府中市）と電車で15分あまり，というご近所同士の同業者となり，ケースなどを中心に，いろいろな協力体制をとったり，たまに打ち合わせと称して会食する機会をもつようになっていった。

その頃から，元々高橋さんのお知り合いであった編集人の山内俊介さん（現，遠見書房社長）を紹介され，自然と3人で会食する機会が，年に数回もたれるようになった。その会は立川市で蕎麦を食うことが多く「立蕎麦（たちそば）の会」と呼ばれるようになる。

３人は何かと気が合い，集まると不思議にさまざまな話で盛り上がる会になっていった。

その立蕎麦の会では，しばしば３人で心理臨床の本を作る話題にもなり，高橋さんのあざやかな切れ味鋭い臨床を何とか本で描けないかと，私は高橋さんを何度か口説いてみたが，当の本人は「本を書くのは苦手。たとえ書いたとしても，難しい本では売れないだろうし，わかりやすい文章にすると，大事なエッセンスが吹っ飛んでわかったかのような誤解を与えてしまうという危惧がある」などと自分の臨床の本を書くということについては，（高橋さんらしい）慎重な姿勢を見せて，なかなか承諾してくれない。高橋臨床を本にして描くことは，やはり難しいのだろうかと，あきらめかけていたところ，ある日，山内さんの方から「じゃ〜お二人でワークショップを開いて，それを本にしたらどうですか？」という新しいアイデアが出された。その提案には，即座に高橋さんも私も強い興味・関心を示したと記憶している。2008年冬のことである。

そこから話はトントン拍子にすすんでいく。立蕎麦の会でやっているような，高橋さんと八巻の（漫才のような？）やりとりをワークショップで展開させること。高橋さんの臨床については，事前にロールプレイによるセッションをVTRに撮り，ワークショップにおいてそのVTRを見ながら検討するという形式にすること。ワークショップの開催回数は１回だけでなく，複数回を実施する予定にすること。などなど，開催するワークショップのイメージが３人の間で次々とイメージが湧き，広がっていった。

３人で話し合いを何度か進めながら，本当に楽しくワークショップの企画や準備ができたと思う。実際に高橋さんの心理技術研究所に３人が集まり，撮ったロールプレイのVTRを検討しながら，どのVTRをワークショップで使ったら良いか等，真夏の暑い日の気温に負けずに，ともに熱く話し合ったのも，昨日のことのように思い出す。

そうして2009年12月，第１回のワークショップが開催されるにいたったのである。

第１回　ワークショップ後
ある参加者からのフィードバック・メールから

第１回目のワークショップが無事終了した後，高橋・八巻・山内の３人に加えてワークショップ参加者の何人かの方に，その後の懇親会にもご参加いただいた。その懇親会の時，私が一部の参加者の方に「次回のワークショップに向けて，こうすれば良い等，何かアイディアはありませんか？」と率直に尋ねてみた。すると，ありがたいことに，後日ある参加者の方から，それについてのお返事メールをいただいた。そのメールの内容の一部は，第２回のワークショップの最初の部分で紹介したのだが，ここでもご紹介したい。

次回のワークショップの“妄想的”イメージ
高橋先生は，アリアをうたう歌姫で，八巻先生は，コンダクターですね。
参加者は，この２人を囲むようにして座ります。机は取っ払って，イスだけにします。
参加者自身が，オーケストラの団員となります。
そして，自分の臨床の中心に据えている理論ごとに分かれます。
オーケストラでも，バイオリンやビオラやチェロやコントラバスごとに座りますよね。
だから，聴衆はいないというわけです。

今回のワークショップで興味深かったこと

１．外部から観察すると「同じじゃないか，どこが違うんだろうか」という印象がすること。
・ナラティヴ・アプローチにおける「セラピストのクライエントへの関わり方」とは，名前が違うだけ？　内容が違う？
・他の理論的立場に立つセラピストも，ナラティヴ・アプローチ的なことを行っている瞬間はある。それを徹底して行わないということ？
・ナラティヴ・アプローチを行っている時，セラピストが何を体験しているのか？
・クライエントの話を聞きながら，クライエントの見ている世界をイメージしている？　クライエントの身体感覚まで，自らの感覚的な体験として体験している？
・クライエント“ヴュー”とは？　そこにクライエントがいて，視野にはクライエントの語っている風景が広がっているという感じ？
・クライエントが主役として動いている映画を見るような感じ？

２．「いつもの高橋先生と，どこが違うのか分からなかった」とクライエント役からのフィードバックがあったが，高橋先生にとっては，はっきり違う体験であること

・社会構成主義の立場に立つことが，セラピストとしてのあり方に影響を与えるならば，セラピストの雰囲気が微妙に違うであろうし，クライエントとしては，体験が違うはずだろうと思うのだが，第１回のワークショップでは，その違いが明瞭には見出せなかったのは，なぜ？
・ナラティヴ・アプローチは，セラピストにとっての意味が大きく，セラピストに何らかの新しい体験をもたらすということ？
・他のことをあれこれ考えたりするのではなく，「本当にシンプルにクライエントの体験世界を体験しよう。それによって，自分の中に浮かんでくることを言葉にしてみよう」として，「クライエントと肩を並べて，クライエントのサーチライトで照らされたところをセラピストも照らす」ことに，ロールプレイでチャレンジしてみたい
・ナラティヴ・アプローチを体験的に理解する。「自由で伸び伸びする感覚？」「もうそんなことはできないほど，これまでのやり方が染み付いているので，そうなれなくて，苦しい？」

以上，ある参加者からのフィードバックのメールをご紹介した。残念ながら，前半の妄想的イメージのような形態は，第２回以降のワークショップでは実際に採用はされなかったが，このようなまさにナラティヴ的なコンセプトは，私と高橋さんの間で共有されて，それが第２回以降のワークショップに反映されているように思える。

また後半のさまざまな疑問については，ワークショップ後に完成した本（『ナラティヴ，あるいはコラボレイティヴな臨床実践を目指すセラピストのために』遠見書房，2011）の中にある高橋さんの解説部分の中に，これらの疑問にしっかりと答えている部分があるが，ここでは１つの部分を取り上げてみよう。

それは，高橋さんがその本の中で語っている，セラピストの「姿勢的技術」という言葉（p.67）である。この「姿勢的技術」とは高橋さん曰く「技法と呼ばれる単位のものではないが，セラピストが持つ全体的なスタンス・型」である。これはセラピストがクライエントとの会話の内側にとどまるために，セラピストが一貫して自らの内側から湧いてくる想像や推測を，質問の形にして発話していこうとすることなどが，具体的な手法としてあげられている。

この考えは，はっきりと目に見える技法とは言えないが，セラピストが自らに起こっている「内閉イメージ」（八巻，1999）を意識的に捉え，そこから立ち上がってくる「質問」をクライエントに尋ねていく，または「質問」という形でクライエントに関わっていくというセラピストの「手法」あるいは「スタンス」を説明しているのだと思う。この立ち上がってきた「質問」も，クライエントとセラピストの間で生まれてきたナラティヴなのかもしれない。それは外部（観察者＝ワークショップ参加者）からはわからない，観察しきれないものなのだろう。

また，ナラティヴ・アプローチをしている場面の比喩として高橋さんが語っている「洞窟の中の二人」のイメージ（p.70：クライエントとセラピストがライトのついたヘルメットをかぶって一緒に洞窟の中を歩いている）を，セラピストとして持つことなどは，ナラティヴ・セラピストであろうとする高橋さんの１つの型である「姿勢的技術」が示されていると言える。このような型にこだわり，それを徹底することが，高橋流のナラティヴ・アプローチの特徴といえるのではないだろうか。

ナラティヴ・セラピスト高橋規子像とは

ワークショップの臨場感を，本という媒体で表現するのは難しい。しかしながら，『ナラティヴ，あるいはコラボレイティヴな臨床実践をめざすセラピストのために』の本において，ワークショップの逐語録だけでなく，高橋さんがその間の解説・解題を執筆することで，自らの臨床を読者にどのように伝えたかったのか，読者の皆さん一人ひとりがこの本を読み進めながら，その「ナラティヴ・セラピスト高橋規子が読者に伝えたかったこと」を少しでも感じ取っていただければと思う。

ここでは，ワークショップを企画し，ともに参加した一人として，高橋さんの臨床スタイルを読み解くように，簡単ではあるが，私なりの「ワークショップやこの本から読み取れるセラピストとしての高橋規子像」について，あらためて書いてみたいと思う。

高橋さんは，正直で真摯な「等身大のセラピスト」である

第１回のワークショップから「私にはナラティヴらしい面接をするという任務があるので…（中略）…今度こそなんとか決めないと（笑）」（48 頁）とロールプレイの作成段階でのセラピストの思い・焦りを，ワークショップという公開の場で，高橋さんは隠すことなく自己開示している。そこには，取り

繕うとか，カッコをつけるとか，などということからは，ほど遠い姿勢，あるいは，焦り・悩みながらも「ナラティヴらしい面接を行う」という課題に真摯に取り組もうとしている「等身大のセラピスト高橋規子」の姿を見ることができる。そのような姿勢そのものが，実は高橋さんの最も基本的な臨床スタイルなのではないだろうか。

理論的には「ナラティヴ・アプローチ」という枠組みに収まりながらも，あくまでもセラピストが「等身大の自分」で，目の前のクライエントに対峙しようとする，そこには上下関係もない，いわゆる「対等な関係」しか存在しなくなる。この自然に発生する対等な関係が，高橋臨床の１つの強力な武器，いやベースになっているのではないかと思われる。

「対等」であらねばという肩に力の入った関係構築ではなく，等身大であろうとするセラピストの姿勢から生まれる「自然な対等関係」とは，高橋さんにしかできない名人芸ではない，むしろ多くの心理臨床家が常に目指すべきスタイルではないだろうか。

高橋さんは，「自ら変容するセラピスト」である

ナラティヴ・ワークショップの準備のため，高橋さんは 20 ケース以上のロールプレイ・セッションを行った。それは自分が納得するケースを得るために妥協を許さなかったからと思われるが，それ以上に「高橋にとってのナラティヴ・アプローチとは何か？」「それを読者に納得してもらえるように提示するためにはどうしたら良いか？」という自らの問いに，高橋さん自身が懸命に答えようとした結果ともいえよう。

そのロールプレイ作業を重ねていくことにより，高橋さんの頭の中に生まれてきたものが，ワークショップ・パート２で示された「外在文化」というセラピストの姿勢あるいは「臨床思想」と言っても良いものである。高橋さんはこの外在文化を「外在が当たり前の文化。外在が当たり前の状況のこと」と説明している。自らが「外在文化人」として振る舞いながら，モダン文化で苦悩しているクライエントに対して，ポストモダン文化の１つに「お誘い」するというナラティヴ・アプローチ実践の入口，あるいはナラティヴ・セラピストとしてのスタイルを，このワークショップの一連の準備の中で見出していった。

「外在文化」という発想の豊かさももちろんであるが，私はこの一連のワークショップ作業の中で，高橋さんが自らの発想を変容させていく柔軟性に，正直驚きを隠せなかった。おそらく，クライエントとのセラピーでもそうで

あるように，高橋さんはこのナラティヴ・ワークショップを準備するという文脈においても，高橋さん自身が自らの認識の仕方を変更・変容していこうとしていたのである。このセラピスト・サイドの変容が，セラピーをより良き方向に展開させていったり，ワークショップをより豊かな学びの機会にする「力」に変えていくのであろう。高橋さんの臨床家としてのすごみは，この自らのものの見方の変容を恐れないことにもあるのだということを，今回のワークショップの準備をともにしながら，ハッキリと実感することができた。

高橋さんは，「政治的行為としてのセラピーを行うセラピスト」である

高橋さんは自らのセラピーは「政治的行為」であると認めている。こう書かれると，驚かれる読者も多いかもしれない。しかしながら，その本来の「政治」の意味を丁寧にとらえてみると，高橋流のナラティヴ・アプローチの基本姿勢が見えてくる。

> 多くの場合セラピーは異議申し立ての場であって，自分の主体性言説を回復する場ですよね。…（中略）…自分の主体性言説がドミナント・ストーリーからないがしろにされている人がセラピーに来るわけです。だとしたらなんとしてでもオルタナティヴ・ストーリーの種を一緒に発掘して，それを一緒に語ることによって育てないとならない（pp.136-137）。

高橋さんもこう述べているように，面接において「オルタナティヴ・ストーリーの種」を見つけて，そこを言葉化していく，例えば本の中で，「別居計画」（96 頁）や「束縛の中にも自由を」（127 頁），そして「１人に備える」（190 頁）や「孤軍奮闘」（198 頁）などというセッション中に使われた言葉は，クライエントとセラピストである高橋さんとの間で生まれてきたその後のセラピーを展開させた言葉やナラティヴであり，そのような言葉を見出し，言語化して，育てていくという行為は，ある意味で政治的行為の１つと言えるだろう。

その点では，高橋さんは「外在文化人」として立ちつつ，モダンとポストモダンの両文化を行き来（外交？）しながら，その両者が合点の行く（あるいは未来に開かれた）言葉を見つけ出すことができる「モダンとポストモダンの異文化外交に長けた政治家」のようなセラピストであるとも言えよう。

考えてみれば，本来の政治とは，未来のために今できることを考え，さまざまな国の人々と対話を重ね，政策を実行してこそ，より良い政治的行為をしていると言えるのではないだろうか。その点では意外にも，セラピーと政治は共通している部分は多いと言えるだろう。

最後に

実のところ，私自身，このように本を執筆しているにもかかわらず，読書は苦手である。しかし，よくよく考えてみると，その苦手意識は，単なる「知識」を得るための読書が苦手なのかもしれない。それは，私自身の記憶力が弱いというコンプレックスからくるものであろう。

しかしながら，読むごとに「知恵」を得られるような本は，読書嫌いの私でさえも，年に何度か繰り返しながら読み返したくなるものである。

この『ナラティヴ，あるいはコラボレイティヴな臨床実践をめざすセラピストのために』という本は，これまで述べてきたように，おそらく高橋さんの臨床の「知恵」が隠されている本，いやそればかりでなく，ポストモダンまたは「社会構成主義」あるいは「対話主義」というまだまだ新しいパラダイムにのったセラピーを模索している読者にとって，その実践のヒントになる「知恵」が隠されている本とも言えるだろう。その点を繰り返し読みながら，多くの「知恵」を少しずつ発見し，それらを味わっていただければ，高橋さんはもちろんのこと，この本の企画に携わった一人である私にとっても，こんなにうれしいことはない。

さて，私自身にとっては，ここ数年来のテーマであった，「セラピスト高橋規子とは何者であるのか？　いったいこの人の頭の中身は，どうなっているのか？」という問いに，一連のワークショップとそれを凝縮したこの本の作成を通して，とりあえずの解答ができたように思う。

しかしながら，高橋さんは上述したように「変容するセラピスト」である。

今後も，彼女のセラピストとしての変容を見守りながら，必要に応じてまた発信していきたいと思う。

この本を刊行するにあたって，多くの方々のご協力なくしてはできなかった。

まずは，高橋さんが主宰するシステムズアプローチ研究会のメンバーの皆さんには，ロールプレイにおいてクライエント役を引き受けていただいて，

VTRの撮影等に本当に多大なご協力いただいた。この場を借りてあらためてお礼を述べさせていただきたい。また，結局3回のナラティヴ・ワークショップを開催したことになるが，参加して下さった皆さんお一人おひとりにも感謝の気持ちをお伝えしたい。ワークショップでご発言いただいた方ばかりでなく，熱心にご参加いただいたお一人おひとりのお気持ちが，この本を完成させる力につながったと思う。そして，臨床心理士の中野真也さんにも感謝したい。中野さんは高橋さんのお弟子さんではあるが，今回のワークショップ準備の裏方として精力的に動いて下さった。3回のワークショップが成功裏に終えられたのは，中野さんの力も大きかったと思う。最後に，前述した遠見書房社長の山内俊介さんにもあらためて感謝したい。忘れもしない京王線分倍河原駅前の居酒屋で，ほろ酔い加減の山内さんから「じゃーお二人でワークショップを開いて……」の提案がなければ，この本は存在していなかっただろう。高橋さんとともに良きご縁があったことに心から感謝したい。

こう考えてみると，この本はこのような多くの方のさまざまな力・多声性（ポリフォニー）で構成された，まさにナラティヴな本であるといえるのかもしれない。本当に皆さん，ありがとうございました！

この本が，ポストモダン臨床のさらなる活発な議論の力になることを祈りつつ，今回のワークショップの中で語られた高橋さんの言葉をあらためてお示ししたいと思う。

> 達成感というのは「理解の途上にとどまる態度」を持たすまいとしますから。達成できたら安心するでしょう。安堵してしまう。……「Not-knowing」は，安堵するということを許しませんので。達成もモダニズムですので。その感覚を自分に許さないということは，苦しい中でもいいところではないでしょうか。いつまでも理解の途上にとどまり続け，いつまでも曖昧さに耐えるということは……ハーレーンとグーリシャンが非常に強調しているところです。理解したと思ってしまったらおしまいだという勢いですから，常に途上であるということを自らにとどめおくには「Not-Knowing」から入るのもいいですね。

上記の文章を書いてから1年後，残念ながら，高橋規子さんが逝去されました。2011年11月13日逝去。享年48歳。

次の章で高橋さんへの追悼の一文をお示ししたい。

第4章

高橋規子先生を偲んで

1963. － 2011.11.13

システムズアプローチやナラティヴ・アプローチの心理臨床家かつ論客であり，日本ブリーフサイコセラピー学会の理事職も長らく務められた高橋規子先生が，ブリーフサイコセラピー学会第21回秋田大会が終了して間もない，2011年11月13日，ご家族に見守られながら，都内の病院で静かに息を引き取られました。享年48歳。本当にあまりにも早すぎる死でした。そして，早いもので亡くなられてから，もう10年以上の月日がたちました。

高橋規子先生は，心理臨床の実践的研究者として，ナラティヴ・アプローチの実践と研究において，独自の世界を作り上げていた気鋭の心理臨床家でありました。

奇しくも高橋先生が亡くなる２年前，2009年の同じ11月13日に，システムズアプローチにおける兄貴分でもあった和田憲明先生が亡くなられています。

高橋先生は，一開業心理臨床家の立場から，精力的に臨床実践はもちろんのこと，臨床研究そして臨床教育と，幅広く活躍されていました。それぞれの活動において，新たな世界を切り開こうとしている，常に何かと格闘しながらまっすぐに進んでいる，まさに「新進気鋭」の臨床家でした。その勇気と実行力は，傍らで見ている同業者として，羨ましくもありました。

私が高橋先生との親睦を深めるようになった始まりは，1999 年の夏頃，当時私が勤務していた東京カウンセリングセンターでのワークショップ後の懇親会だったと思います。講師であった東豊先生（現，龍谷大学）の隣に座り，とても上手にさりげなく周りを気づかう様子を見て，「気持ちの良い配慮ができる人だな〜」と感心したことを思い出します。その後も何かとお酒の席などでご一緒する機会があり，次第に親しくお話をするようになりました。

学会でお見かけする高橋先生は，時折厳しい表情を浮かべながら思索している求道者あるいは修行者然としたところがあり，心理臨床の仕事に対する真剣な姿勢が自然と表れていましたが，お酒の席でご一緒すると，対照的にとてもリラックスした表情で，ざっくばらんに，楽しそうに自分の思いや本音を語っていました。私とは同世代であったこともあり，仕事以外のさまざまな話題で盛り上がることも多かったように思います。

高橋先生は，臨床活動とその実践研究に，情熱を燃やされていた方でした。自らは開業臨床家の立場を貫きながら，毎年のように学会で研究発表を続けてこられ，臨床家の卒後研修にも力を注ぎ，亡くなられる直前まで，それらのことに想いをかけておられました。

高橋先生は，20 数年の臨床活動の中で，まさに「ナラティヴという世界観・認識論と格闘しながら」心理臨床実践を行ってきた，と言っても過言ではないと思います。システムズアプローチの吉川悟先生（現，龍谷大学）に師事しながら，師匠の命のもと，システム論から社会構成主義への認識論の変更を余儀なくされ，格闘し，そして「ナラティヴの高橋」とまで言われるようになって，独自のナラティヴ・アプローチによる実践と研究の世界を切り開いていきました。

高橋先生のブリーフセラピーや家族療法に関する臨床研究での貢献や成果は，最後にお示しする数多くの文献をお読みいただくのが一番でしょう。

ここでは，そこに描かれていない部分として，高橋先生の心理臨床教育について書きたいと思います。

高橋先生は，心理技術研究所を開業した当初から「シテムズアプローチ研究会（略してシス研）」という１年間の心理臨床の継続研修会を企画し，そこで多くの臨床家にロールプレイを主体とした学びの場を提供されていました。その研究会での高橋先生は，研修生からの質問に対して，丁寧にかつ的確に応えながら，言葉だけでは説明しきれない時などは，自らデモンストレーションを行い，それを通して質問に応えることもありました。自らを使いながら，研修生に対して真摯に教えようとする，まさにプロフェッショナルな臨床教育者の姿を見る思いでした。ちなみに，１年間のシス研の最終回には，先生お手製のイタリア料理が研修生に振る舞われるのが定番だったとのこと。私は残念ながら食す機会に恵まれなかったのですが，味は一流のシェフ顔負けだったそうです！

高橋先生の臨床教育においての強みは，デモンストレーションを行った際の自らの振る舞いとその意図・配慮について，後から詳細に自ら解説することができるという点にありました。私自身は，その解説を聞きながら，臨床家であるならば，自らの一つひとつの所作に対して，意図を持って振る舞うことが必須であることを痛感させられたことを思い出します。

心理技術研究所での研究会は，他にも定期的に NLP のセミナーや，長谷川メンタルヘルス研究所所長の遊佐安一郎先生と共同で「ヘルピングスキル」の研修会も開催していました。ヘルピングスキルの研修会は，遊佐先生の丁寧な講義の後，高橋先生がやはり自らデモンストレーションを行い，それから参加者同士でロールプレイを行っていくというのが基本構成でした。ある時は，遊佐先生のリクエストに応じて高橋先生がいろいろなクライエント役を演じて，参加者がセラピスト役でロールプレイをするといった場面もありましたが，そのクライエント役を演じるリアルさは，まさに女優！　まるでその役が憑依したよう。高橋先生の実際の心理面接に陪席などをする機会はなかったのですが，そのロールプレイにおけるリアリティーが，彼女の心理面接能力の高さを物語っているように思えました。

高橋先生の心理面接能力＋それを説明する臨床教育力の高さに感銘を受けた者の一人として，できるだけ多くの臨床心理士の卵たちにもその技や解説を見せたい･聞かせたいと思い，2008 年から 2011 年にかけて，駒澤大学大学院の授業にゲスト講師としてお呼びする機会も作りました。高橋先生の講義やデモをみた大学院生たちは皆，まさに目から鱗が落ちた表情をして，授業後に行った懇親会では，高橋先生を囲んで大学院生から先生への質問大会となったものでした。そんな時も，高橋先生は，本当に嬉しそうに学生たちの質問に，やはり丁寧かつ真摯に応えていました。

前述したシス研では，現場で臨床実践を行っている者が対象で，学生は対象外でしたが，ここ数年は自らが駆け出しの臨床家を育てる意義を感じていたのでしょう，駒澤大学だけでなく，文教大学の大学院生のスーパーバイザーも務めるなど，臨床心理士の卵たちである大学院生への教育にも関心を示すようになり，熱心に取り組んでいました。

こうして，あらためて高橋先生のお仕事ぶりをいくつか思い返してみると，その臨床能力の高さ，著書はそれほどたくさん残されなかったけれど，論文はたくさん書いておられること，多くのお弟子さんを育てられたことなど，高橋先生の仕事は，Ｍ・エリクソンと重なる部分が多いように思えます。エリクソンがそうであったように，今後，お弟子さんたちやシス研で実際に学ばれた研修生の皆さんから，「高橋規子先生から学んだこと」といったテーマで，高橋臨床をひもといていくような発信が起こってくることを大いに期待したいと思いますし，そのような高橋先生がやってこられた仕事を，我々臨床家があらためて見直してみる意義は大きいと思います。

最後にもう１つだけ，高橋先生は飲むたびに，吉川悟先生をはじめ，阪幸江先生や唐津尚子先生（現，北浜心理臨床オフィス）などの吉川先生のお弟子さんたちのグループを，大切な仲間，いや「家族」であると，よく話していました。本当に吉川悟先生を師匠として，そしてまるで心理臨床の父として，心から慕っていました。

ある時，高橋先生が「この仕事を始めた頃は，自分の中に「葛藤」があったが，吉川先生と出会って安定した。余計な事を考えずに，ただ頑張れば良いと思ったから」としみじみと語っていたのを思い出します。

高橋先生は，吉川先生によって真のプロの臨床家になれたばかりでなく，父親のような存在である師匠と，きょうだいのような同業仲間という心のよりどころを持つことができたのだと思います。臨床家で師匠を持つ方は多いと思いますが，その師匠の他の弟子さんたちも含めた「家族のようなシステム」の中で，臨床家としてのアイデンティティーを確認できる，そのような場を持っている方は，なかなかいないのではないでしょうか。そのような臨床家としての自己確認ができるシステムを持つ意義もまた，高橋先生から教わったように思います。

高橋先生は，体調を崩されて入院した後も，入院先から研究所までタクシーで駆けつけて，シス研の講師を最後の最後まで務めようとされていました。その意思と行動力に敬服するとともに，あらためて，プロの心理臨床家として，臨床･研究･教育といった目の前の課題に，常に緊張感を持ちながら，一生懸命取り組み，最後まで本当に「全力で」生きた人だった，と思います。

今でも，高橋さんの生前の実践研究者としての真摯な姿･語ったことを時々思い出し，そして残された論文や著書を読むことがあります。それらを読めば読むほど，「ナラティヴを志向すること・実践すること・研究することとは何なのか」ということをいつも考えさせられます。

いろいろと，とりとめもなく書いてしまいました。天国の高橋先生に「もう，長々と訳の分からない追悼文を書いちゃダメですよ！」といつものように怒られそうですが，まあ，高橋先生，お許し下さい。

でも，やっぱりもっともっといろいろな話をしたかった。一緒にいろいろな仕事をしたかった。

今は高橋先生，いや高橋さんのことをふと思い出すたびにいつも「ちゃんとクライエントさんのために良い臨床をやっていますか？」

と高橋さんに言われているようで，今でも何か身が引き締まるような，襟を正すような思いがします。

そうですね。そちらからお呼びがかかるまで，私もこちらで精一杯頑張っていきます。そして，もしその時が来たら，高橋さん，是非また一緒に飲みましょう。それまで，そちらで和田先生と一緒に飲み過ぎないように気をつけてくださいね。

では，またいつかお会いしましょう。

高橋規子　略歴

1986年　学習院大学文学部心理学科卒業
1990年　某民間心理相談所職員として勤務
1994年　心理技術研究所所長
2011年11月13日　逝去（享年48歳）

学会等の役職

日本ブリーフサイコセラピー学会：理事
日本家族研究・家族療法学会：評議員

主たる業績

1．著書

・高橋規子（著）・吉川悟（編）（2013）高橋規子論文集　ナラティヴ・プラクティス――セラピストとして能く生きるということ．遠見書房．

・高橋規子・吉川悟（2001）ナラティヴ・セラピー入門．金剛出版．
・高橋規子・八巻秀（2011）ナラティヴ，あるいはコラボレイティヴな臨床実践をめざすセラピストのために．遠見書房．

2．「ブリーフサイコセラピー研究」掲載論文

・高橋規子（2000）治療者が「『技法』を用いる」ことは可能なのか――社会構成主義に基づく相互作用の検討．ブリーフサイコセラピー研究，9，39-57．
・高橋規子（2002）コラボレイティヴ・アプローチは，いかにして実践しうるのか――筆者の治療者としての思考の在り方を手がかりとした考察．ブリーフサイコセラピー研究，11，48-58．（この論文で研究奨励賞を受賞）
・高橋規子（2003）シンポジウム２：ブリーフサイコセラピーの貢献と今後の展望――ナラティブ・セラピーの立場から．ブリーフサイコセラピー研究，12，62-66．
・高橋規子（2006）シンポジウム　私たちはどうやってブリーフセラピーを“技化”したか？――ブリーフセラピスト・成長ロードマップ：高橋の場合．ブリーフサイコセラピー研究，15（2），151-154．
・高橋規子（2007）シンポジウム　ブリーフセラピーが心理臨床家の養成に貢献できることは何か――開業の立場から．ブリーフサイコセラピー研究，16（1），36-40．
・高橋規子（2009）コラボレイティブな事例報告の試み――ある母娘と共同記述をおこなった事例．ブリーフサイコセラピー研究，18（1），1-12．
・高橋規子（2009）シンポジウム　心理療法における関係性をめぐって――最近どう？　クライアントとの関係性は？ブリーフサイコセラピー研究，18（1），60-62．

3．「家族療法研究」掲載論文

・高橋規子（1999）社会構成主義は「治療者」をどのように構成していくのか．家族療法研究，16（3），196-205．
・高橋規子（2001）「ナラティヴ・セラピー」を考える　私と「高橋」にとっての「ナラティヴ・セラピー」．家族療法研究，18（2），108-111．
・高橋規子（2009）特集　ナラテフィヴ・アプローチの現在――あれから「治療者」はどうなっていったのか．家族療法研究，26（2），106-110．
・高橋規子（2010）家族臨床――私の見立て――たとえばある日の初回面

接の場合．家族療法研究，27（2），54-58.

4．「精神療法」掲載論文

・高橋規子（1998）離人症性障害患者に対する非分析的アプローチの試み．精神療法，24（1）．金剛出版，56-62.
・高橋規子・遊佐安一郎（2010）家族療法家の訓練．精神療法，36（3）．金剛出版，324-330.

5．分担執筆

・高橋規子（1999）システム理論の概論．In：吉川悟（編）：システム論から見た学校臨床．金剛出版，pp. 9-27.
・高橋規子（2001）「男性恐怖」は父親の暴力による「トラウマ」なのか――「堅・長・漠」の「三重苦」をたずさえた事例．In：吉川悟・村上雅彦（編）：システム論から見た思春期・青年期の困難事例．金剛出版，pp. 170-182.
・高橋規子（2003）「目覚めよ」と呼ぶ声に導かれて．In：小森康永・野口裕二・野村直樹（編）：セラピストの物語／物語のセラピスト．日本評論社，pp. 69-86.
・高橋規子（2003）物語としての家族．In：日本家族研究・家族療法学会（編）：臨床家のための家族療法リソースブック――総説と文献105．金剛出版，pp. 238-239.
・高橋規子（2005）ナラティヴ・セラピーの現在――家族面接におけるナラティヴ・アプローチ．In：現在のエスプリ，451，49-57.
・高橋規子（2006）テクはあるか・体力はあるか・勇気はあるか In：牧原浩（監），東豊（編）：家族療法のヒント．金剛出版，pp. 107-114.
・高橋規子（2008）ナラティヴ・セラピー――セラピーの最前線．In：森岡正芳（編）：ナラティヴと心理療法．金剛出版，pp. 24-38.

6．その他の論文

・高橋規子（2007）家族面接におけるコラボレイティヴ・アプローチ――親子分離面接からリフレクテフィング・チームの手法を用いた合同面接へと移行した事例．思春期青年期精神医学，17（1），45-55.

第５章

臨床エッセイ
心理臨床機関における受付業務担当の重要性
――Ｏさんへの感謝の気持ちを込めて

私が秋田大学から駒澤大学に赴任したのが2006年。２つの大学のシステムの違いに戸惑いながらも，なんとか20年以上大学教員としてやってこれました。これはいろいろな人からの支えがあったからこそなのだと思います。心理学科の同僚，事務員の方，学生たち，そして友人や家族，などなど，まあ高田純次並みの「適当さ」を持っている性格の私を，本当によく支えていただきました。全ての人たちに感謝・感謝です。

ところで，駒澤大学には「コミュニティ・ケアセンター」という外部に開いた心理臨床機関でもあり，かつ臨床心理学を専攻する大学院生のための実習施設があります。

そのケアセンターのスタッフの皆さんにも，これまでいろいろとご迷惑をおかけしながらも，おかげさまで，ある意味思う存分，自分の心理臨床活動と，大学院生への心理臨床教育をさせていただくことができました。本当にありがたいことです。あらためて，この場を借りて感謝の気持ちをスタッフの皆さんにお伝えしたいと思います。本当にありがとうございました。そして，これからもよろしくお願いいたします。

さて，この「臨床エッセイ」では，ケアセンターの心理臨床活動を支えてくださった一人である，受付事務の方のことを書こうと思います。

ちなみに，心理臨床機関における「受付窓口業務の重要性」について，異論を唱える人はまずいないでしょう。受付担当者は，初めて心理臨床機関を訪れたクライエントにとって，ファーストコンタクトする存在であり，その後のクライエントとセラピストをつなぐ仲介的・媒介的存在でもあるわけです。良い受付担当がいる臨床機関は，その受付担当を通して，その機関全体に対する安心感や信頼感をクライエントに与えてくれる，とも言えるのではないでしょうか。

これまで私は，精神科のクリニックや心療内科の病院，カウンセリングセンターなどで働く機会がありましたが，どの職場でも，しっかりとクライエントに対応してくださる受付事務の方がいて下さって，私たちセラピストとしっかり連携して，まさに一緒にケースに取り組んできたように思います。

これらのことからも，受付窓口の担当は，心理臨床機関における「顔」あるいは「つなぎ役」，そして「キーパーソン」と言っても過言ではないでしょう。

駒澤大学コミュニティ・ケアセンターの受付業務を長らく勤めてくださったＯさん（個人情報保護のため，イニシャルで書かせていただきます）は，私の中で記憶に残る受付業務担当をしてくださった方の一人です。

ケアセンターが開設されて約 10 年間，Ｏさんは，ずっとメインで受付業務を担当してくださいました。私もこれまでさまざまな臨床現場で働いてきましたが，Ｏさんの受付担当としての能力の高さは，まちがいなく，今まで出会った受付担当者の中で３本の指に入ると思います（本当は No.1 と言いたいのですが，ちょっと控えめに言いました）。

落ち着いた適度な距離感のあるクライエントへの対応，クライエントからの連絡などの情報伝達のすばやさ・わかりやすさ，その日のクライエントの状態を見立てる視点・能力，Ｏさんの持つ霊感（？）のせいか，直観的なさまざまな判断の適切さなどなど，ケースを担当する前後にＯさんとお話ししていると，ともかく感心することしきり。

私がケアセンターでのカウンセリングを終えた後，受付内側にあるカウンセラー室に戻ってから，助手のＴ君とともに，Ｏさんからその担当したクライエントについてのコメントを聞くのも，カウンセリング後の私の密かな楽しみになっていったことは確かです。同時にその時間が，私にとって貴重な現場発の「学びの場」にもなっていったようにも思います。

ある日，私がケアセンターでのカウンセリングを終え，研究室に戻ろうとＯさんに声をかけようとしたちょうどその時，突然一人の中年の男性が入口から入ってきて，いきなり窓口越しに「箱根駅伝で活躍している部に寄付したいから，お金を預かってほしい」などと支離滅裂なことを言ってくるという出来事がありました。

受付越しにその男性を見てみると，明らかに挙動不審な感じ。それに対してＯさんは，いつものように冷静にかつ毅然とその男性に対応していました。

私もOさんの後ろに立っていて，不測の事態に備えていました。結局，その男性は5分ほどOさんと会話してから，何もせずに出て行きました。

その後「男性に殴られないような距離を保ちながら話していたんですよ」と話すOさんを見て，まさに見事な対応ぶりに「本当に“腹が据わっている”とは，このようなことを言うのだ」と思いました。あらためてOさんの適応力・臨床能力の高さを思い知らされた出来事であり，このような，しっかりと「腹が据わった」受付担当がいてくださると，我々セラピストも本当に安心してさまざまなケースを担当できるのだなと強く思った次第です。

Oさんは，その後，後進にゆずるように少しずつ勤務日数を減らして行って，最後は静かに受付業務を辞めていかれました。難しいケアセンターの受付のお仕事を10年以上ずっとメインでやってこられたのだから，迷惑をかけないように，少しずつ後進にゆだねて行かれのだと思います。その辞められ方も自然な配慮で素敵だったなと思います。

あらためてOさん，カウンセリング機関の受付業務，本当にお疲れ様でした。Oさんの人との接し方・見方，さまざまな人との距離感は，私にとって，セラピストとしてにとどまらず，あらゆる人に関わっていく際の参考になったように思います。本当にありがとうございました。

第４部
家族療法・ブリーフセラピーでの「かかわり」

第１章

夫婦とセラピストとの「間（あいだ）」の創出と活用

Ⅰ．はじめに

「八巻さん，今回のあなたの発表を今度，『家族療法研究の誌上コンサルテーション』に出してね」

家族療法学会の第21回大会のシンポジウムが始まる直前，会場で偶然隣に座られた某先生から，いきなりこのように声をかけられた。『家族療法研究』とは「日本家族療法学会」の学会誌である。その中で，事例論文を掲載し，それに対してベテランの２名の先生からコメントを受けるというのが「誌上コンサルテーション」のコーナーであった。

某先生は，偶然隣にいたから私に声をかけたのか，座る前からそう思われていたのか，今さら知るよしもない。きちんとしたスーパーヴァイズも受けずに現在の臨床活動を行っている自らの現状を考えると，心理臨床の神様（？）から某先生の声を通して「あなたの臨床に対して，他の先生方の意見をしっかり聴き，学びなさい」というメッセージが与えられたのかもしれない……などと自分勝手な想像をしつつ，私にとって大きな「学び」となった一つの事例をこの場をお借りしてご紹介させていただき，コメンテーターの先生方を含めた皆様からのご意見をいただくことで，「さらなる学び」の機会となればと思う。

以下，提示する事例は，私が当時週１日勤務していた診療所（心療内科）と通常勤務していた開業のカウンセリング機関との両方にわたって担当したケースである。

Ⅱ．事例の概要

IP：鈴木希（仮名：初診時 40 歳，女性，専業主婦）
主訴：慢性蕁麻疹，意識消失発作，家族関係（夫婦と親族）の問題

１．来談までの経過

私（以下 Th）が，当時週１回勤務していたＡ診療所のＢ医師（心療内科医）から紹介される（Ｘ年５月）。Ｂ医師からの紹介状には，次のように記載されていた。

「原因不明の蕁麻疹が先行するショック（アナフィラキシー･ショック）で，しばしば救急でＣ病院（アレルギー専門病院）に受診している患者さんです。何か心因的なものが関係しているのではないかということで，Ｃ病院長よりＡ診療所に紹介された患者さんですが，当初は心因性のものはわかりませんでした。最近，姑（IP の話からすると，自己愛パーソナリティ障害と思われます）との関係で悩み，義姉やご主人と口論した際，解離性症状（急性ストレス障害）が起きるようになりました（Ｘ年４月上旬）。このため，ご本人がカウンセリングを希望されました。アナフィラキシー・ショックと急性ストレス障害との関係については，まだ結論が出ていません」

当初は，Ａ診療所でＢ医師の診察（月に１回）と併行して個人心理面接（Ｘ年５月下旬に初回面接）を行っていったが，夫婦面接も併用していくことが必要と Th が判断し，１カ月後のＸ年６月には Th が勤務していた開業カウンセリング機関であるＤセンターで，個人面接とともに夫婦面接を併行した構造で実施していくことになった。Ｂ医師の診療はＡ診療所において継続された。

２．事例の状況

①生活史・現病歴：（年齢はインテーク時）

地方都市であるＥ市で，５人きょうだい（男１人，女４人）の末っ子として生まれた。父親（83 歳）は，まわりが苦労するくらいわがままな性格で，若い頃から頑固で厳しく，怒ると歯止めがきかない人だった。母親（73 歳）は，子どものことを第一に考えるような自己犠牲的精神が強い（たとえば，父親が子どもを殴ろうとすると，身代わりになって自分が殴られる）人だっ

た。

希さんは幼い頃から「感受性の強い子」であったが，体が弱く病気がちだったこともあって，子どもの頃は「他のきょうだいに比べたら自由だった」とのこと。父親は子どもに支配的で厳しく，希さん以外の他のきょうだいは，入学する高校まで父親に決められていた。希さんが幼い頃，父親に子ども（特に長男）が反抗すると，その影響で父親が母親に暴力をふるうことがよくあった。「その情景は今でも覚えている。その時は怖くて涙も出なかった」と希さんは後に語っている。

希さんが 14 歳の頃から蕁麻疹が出現し，17 歳の頃より頻回に認めるようになった。この時期は水泳中，寒冷時，発汗時，チーズを食べた時などに多く見られた。18 歳の頃から蕁麻疹出現時に意識消失発作が現れるようになり，１年に数回意識の消失があった。24 歳の時，地元のＦ大学病院を受診。一般検査では特に異常がなく，心理テストでは神経症的傾向，高度不安，抑うつ傾向が見られた。大学病院にて絶食療法，自律訓練法など開始し，抗アレルギー薬などを併用したところ，蕁麻疹や発作は減少した。

Ｘ－３年（希さん 36 歳）に現在の夫の鈴木一郎（仮名）さんと結婚し妊娠するが，それまでの経過から妊娠継続は困難と判断し，同年８月に人工妊娠中絶。同年 10 月より夫の一郎さんの仕事の関係で，現在の住まいに転居し，アレルギー外来のあるＣ病院を紹介され治療を続けるが，大きな改善は見られず。心因性も考えられるとＡ診療所の心療内科医Ｂ医師を紹介される。

②家族環境

現在，希さんは夫の一郎さん（41 歳，専門職）と二人暮らし。子どもはいない。希さんの両親は，地元Ｅ市で兄（長男 50 歳）夫婦と一緒に暮らしている。一郎さんのきょうだいは，妹が２人（35 歳と 39 歳ともに既婚。39 歳の妹は希さんの中学時代の同級生）。一郎さんの父親は９歳の時に病死。母親（66 歳）は首都圏近郊のＧ市で一人暮らし。母親は気性が激しく，自己中心的な性格。夫の家系は気性の激しい性格の人が多いとのこと（希さんの報告）。

③心理テスト（TEG と CMI と YG 性格テスト）：（Ｘ年６月実施）希さんの結果は，TEG（CP ＝２，NP ＝ 15，A ＝ 12，FC ＝ 12，AC ＝５），CMI の領域はⅡ，YG 性格テストはＣ型。一郎さんも同時期に実施。その結果は，TEG（CP ＝８，NP ＝６，A ＝ 14，FC ＝７，AC ＝４），CMI の領域はⅠ，YG はＣ型。

Ⅲ．心理臨床過程

１．援助の枠組み

当初はＡ診療所で約２週に１回の個人面接（Ｂ医師には月１回の受診）を行っていたが，Ａ診療所でのThの予約がいっぱいで月１回の面接間隔になってしまうこと，また夫婦面接の必要性もあることなどから，面接開始１カ月後にはＤセンターに場所を移して面接することになった。約２週に１回の希さんとの個人面接とともに，途中から月１回～２週に１回の夫婦面接が加わる形となった。

２．事例の経過

（以下，「　」は希さんや一郎さんなどの言葉。〈　〉はThの言葉。[　]はThの内省や思い＝内閉イメージ）

【第１期】Ａ診療所での個人面接　＃１（Ｘ年５月）～＃３（Ｘ年６月）

希さんは，髪はショートカットで清楚な雰囲気。ゆっくりと控えめな口調で話す感じ。Ａ診療所での３回の面接において，現病歴などとともに約１カ月前に起こったショック発作のきっかけとなった，義母を含めた夫側の親族とのトラブルについて聞く（この間に心理テスト実施）。最初，希さんは「結婚してからアレルギーショックが強くなりました。親族との出来事を他の人に初めて話します。でも，このこととショック症状とが直接関係あるのかどうか分かりませんが……」と本人がカウンセリングを希望していながらも，実際にカウンセリングを受け続けることには少々懐疑的な抵抗感のある感じを持っている様子であった。しかし，親族とのトラブルについてThが尋ねると，そのことについて今まで溜めてきたものを一気に吐き出すように話し始めていった。

トラブルの内容は，義母と義姉との仲が悪い状況を希さんが何とかしようと仲介役をしているうちに，いつの間にか自分が悪者役になってしまったという話であった。特に義母から「おまえが一番悪い！」と強く責められるようになったとのこと。希さんは「一時は主人からも責められるようになってしまって……何が正しいのか分からなくなった。つらくて泣いているうちに意識がなくなって，ふと気づくと部屋の隅にうずくまったりしていた」とパニック時のことを語った。希さんが一つひとつ言葉を選び，丁寧にこれまでの出来事を分かりやすく話している様子を見ながら，Th は希さんに対して［自然に自分のことを語れる，「語り」のうまい人だな］という印象を持った。

A診療所での３回の面接の後，Th はこの希さんの状況に対して［希さんは，夫方の親族（鈴木家）の問題を解決しようと仲介役として機能しようとしてきたが，一人でその機能を抱えることの限界がきたのではないか？　この希さんの症状が起こる要因の一部分は“鈴木家の問題に巻き込まれてしまった結果”かもしれない］というある程度の仮説を立てた。さらに，夫である一郎さんも希さんの治療に協力的であるという様子（A診療所での診察には，一郎さんが必ず同伴していた）であることから，［希さんにとって一郎さんが支えになっている可能性は十分にありそう。まずは普段の夫婦間コミュニケーションがどのようになっているのかを見てみる必要があるかも？］と考え，Th から〈希さんのカウンセリングにおいてご主人の協力も必要だと思います〉と述べて，個人面接とともに夫婦面接も並行して実施していくことを提案する。

結局「鈴木家の親族の人たちとつき合っていくのは難しいが，主人とはうまくやっていきたい」と希望する希さんの思いとも一致したので，隔週で面接が可能なDセンターに移って個人面接とともに夫婦面接も始めることになった。

【第２期】Dセンターでの個人面接から夫婦面接併用へ　＃４（X年６月）〜＃19（X＋１年２月）

Dセンターでの初回（＃４）は，希さん一人で来所。一郎さんの性格について話題の中心になる。「主人は，根本的な何かが欠けているように思うんです」などと述べ，夫の性格や価値観とのギャップに結婚してからずっと希さんが悩んできたことなどが語られた。

X年８月にDセンターで初めての夫婦面接（＃６）となる。一郎さんはギロッとした目つきで背も高く大柄でやせ形の体格。いきなり「妻はお盆には私の実家には行かないと言っておりますが，その行かない理由を，私の母にはどう伝えればよいのでしょうか？」などと単刀直入に話してくる。それを聞いている希さんは黙ってうつむいている。Th が（一郎さんの雰囲気に少々圧倒されながらも）〈希さんはどう思われますか？〉と希さんに尋ねると，希さんは顔を上げて「どう伝えればいいのか……どうしたらいいんでしょうか？」と Th に訴えるように返してくる。Th は〈ご主人は現時点ではどう思っておられるのですか？〉とふると「私は『家内が病気で行けない』と母にはそのまま言おうと考えているのですが，妻が反対するのです」「そんな言い方したら，また私が責められてしまう……先生そうですよね？」〈う～ん。ご主人はどのように思います？〉「そうかな？　それは家内の考え過ぎだと思いますよ」「そんなこと……ないわ」……といった Th をはさんでの夫婦間交流が繰り広げられていった。それらの交流を Th はじっくりと観察していくよう心がけていった。

初回の夫婦面接の印象は，「口数は多くないが，話しぶりからは非常に割り切って論理的に物事を考える夫の一郎さん」と「語りはうまいが，おとなしく情緒的な繊細さを持つがゆえに葛藤気味の妻の希さん」という対称的な性格の夫婦であった。それゆえ［夫婦の意見対立が平行線のままで，それに折り合いをつけていくような夫婦間コミュニケーションが展開しにくい状況が，結婚生活の中でずっと続けられていたのではないか］と Th には感じられた。

その後の夫婦面接では途中，一郎さんの昔の恋人が突然現れ，示談金を要求してくるといった希さん曰く「交通事故のような」トラブルがあったり（# 11），希さんの姉夫婦の所へ行く旅行の計画の件で喧嘩になったり（# 12）したことなど，夫婦にとって話し合いにならざるをえないような出来事が偶然続き，それらの出来事に対する両者の思いが面接場面でそれぞれ語られていった。

しかし，それらの出来事が過ぎていくと，次第に夫婦面接について「あそこでは世間話をしているだけ」と面接後に一郎さんが希さんに語るようになり，一郎さんの面接へのモチベーションは次第に低くなってきているようであった。その間，希さんの体調は胃痛などを中心に悪い状態が続いていた。

14 は，希さんとの個人面接であったが「主人が「なぜ僕がDセンターに行くのか分からない。あそこに行って僕に何を求められているのか分からない。精神的に病んでいるのは君だろ?!」と言っています」と報告する一方で「でも……夫婦カウンセリングを始めてから，以前に比べて主人がそんなふうに私を責めることは少なくなったと思います。そんな変化を主人は気づいていないんです」と希さんは述べる。希さんはカウンセリングによる夫婦関係の変化を感じ始めているが，一郎さんの方はそれを評価せず，夫婦面接の継続に抵抗感がある様子。そこで，次の夫婦面接（# 15）では「夫婦面接の意義・必要性」について話し合うことになった。

15 の冒頭には，一郎さんが「この状態は妻の過去の育てられ方が原因」という話を始める。その話に Th がじっくりと一通り傾聴した後，〈なるほど，ご主人のお考えはよくわかりました。「育てられ方」という点を原因と考えて

分析していくことは，一つの重要な考え方です。ただ……実は最近の心理学の考えでは，過去の分析より現在の「システム」の分析をした方が，早く効果があると言われているんです。こちらの理論の方がお二人にとって，より早くお役に立つと思うんですが……〉と述べ始めて，Th が「夫婦関係システム」というものを変えることによって「症状が改善する」という説明を始めたところ，一郎さんは「ほう，システムですか……」と興味深そうに身を乗り出す。希さんの方は，キョトンとした顔。Th は［ここは，まずは一郎さんに肩入れしてジョイニング。希さん，ごめんなさい……］と内心思いながら，「システム（のようなもの？）」についての説明を続けていった。

結局，この面接の最後の方では「いや〜ここでの夫婦カウンセリングする意義がよく分かりました」と，一郎さんは納得した表情をしながら述べ，次回以降も夫婦面接に協力することを約束する。希さんの方は（システムとやらの）理屈には納得はしていないが，夫が夫婦面接を続けてくれることには安心したような表情であった。その直後の＃ 16（希さんとの個人面接）では，まず Th が前回の面接について〈いや〜前回はご主人中心にお話をしてしまって……申し訳ありません。〉と切り出したところ，希さんは「面接後の帰り道で，主人は「なるほどシステムね〜最近の心理学はどんどん進歩しているんだね」と納得しておりました。でも，システムの話について主人は理解したと思うが，忘れっぽいところがあるので……主人の考え方や感じ方まで変わるかどうか……」と述べた。希さんもまた夫婦面接による希さん自身の変化よりも，一郎さん自身の変化の方に期待が高いことが窺われた。この面接後，［価値観が違う希さんと一郎さんの両方とも乗せられるような，この夫婦の“風通し”をよくしていくための工夫が，今後の夫婦面接では何か一つ必要だ］という感触を Th は強く持った。

【第３期】「夫婦テーマ面接」の導入　＃ 20（X ＋ 1 年 2 月）〜＃ 63（X ＋ 2 年 12 月）

この頃は［一郎さんにもっと語ってもらえるような工夫をすれば，元々語りのうまい希さんと語り合えるようになり，夫婦間対話が促進できるのではないか］［一郎さんがきちんと語れることを重視する面接空間を創ることはできないか］などと Th は思案していた。そして，夫婦間対話を促進する形の夫婦面接にするという目的で，＃ 20 に Th から「テーマを決めて語り合う夫婦面接（テーマという“枠”や“キーワード”があるので，一郎さんが話しやすい）」を実施することを提案する。それに対して夫婦ともに「おもしろそうですね」と賛同し，次回の＃ 21 までにお互いに「話し合いたいテーマ」を考えてくることにした。＃ 21 には，一郎さんと希さんと Th の三者がそれぞれ考えてきた「テーマ」を突き合わせ，次回以降の夫婦面接のテーマ候補を選定した。

＃ 23（X＋１年４月）より 10 回の予定で「テーマ面接」を開始。その間のテーマは「友人」「喧嘩」「すれ違い」「通じ合い」「自分と相手のこだわり」「両家の文化」「なぜ家庭を持つのか」「相手の親とどう関わっていくか」などであった。テーマの選択は，各回の終わりにし，「身近なもの」「話しやすいもの」から徐々に「少し抽象的なもの」「核心的な話題」へと回を追ってなっていくようにテーマを三者で選んでいった。面接の進め方としては，決められたテーマから連想することを各々話してもらった後，お互いの話に対してコメントしあうという手続きから，その後は自由に展開するという「分かち合い」の形式をとった。Th は夫婦間対話の「風通し」をよくしていくための介入として，一郎さんや希さんの一方が Th に向けて話をした後は，一方の相手の言葉を「なぞる」ようにして，もう一方に伝えるという「通訳者」の役割を最初はとりながら，少しでも夫婦間の会話が始まったら，早々に Th 自身は一歩引くようにも心がけた。そうすることで，会話の“風向き”が夫婦同士に向くようにゆっくりと変化していくのではないかと期待できた。

テーマ面接開始後の最初の頃は，一郎さんは「友人，それはよいものです……（それ以上語らず）」といったような，Th との一問一答式のような会話になりがちで，「分かち合い」という語り方に慣れない様子であった。しかし，希さんの語りやその Th の「なぞり」を聞いたり，希さんと Th が，一郎さんにいくつか質問を重ねていくことにより，次第に一郎さんは自分の思いをスムーズに語れるようになっていった。テーマ面接４回目（＃ 26）くらいには，Th が口をはさまない夫婦間での会話が面接中に何度も見られるようになり，だんだんと夫婦間の意見交換がスムーズになされていっているように思えた。

一方で「たいぶ妻の体調がよくなってきました」と一郎さんから希さんの症状が軽快している（発作は起こらず，蕁麻疹も１〜２回程度）ことが報告された。

８回目（＃ 30）には，ショック症状の起因となった義母をめぐっての対話がなされた。希さんは「週１回はかかってくる義母からの電話にどう対処するか？」という具体的な例を挙げると，一郎さんが「昼間は出なくていいよ。夜にかけるよう僕から母に話す。今のスポークスマンは，僕かな？」〈それは，義母からの電話はご主人が対応するということ？〉「そう，私は「楯」になりますよ」（この話を聞いている間，希さんは涙）。このような会話がなされながら「義母との各々の対応の工夫」について，いくつかのパターンが（特に一郎さんの意見を十分に採り入れながら）夫婦間で考えられていった。

９回目（＃ 31）には，希さんがニコニコしながら「主人がTVを見ていると，私の話を全然聞かないんです」〈ほう～？〉「そうかな？　君だってワイドショーには釘付けじゃないか」「そんなことないわよ」……（しばらく軽い言い争い）〈お二人ともホントTVお好きなんですね～〉「そうですね（二人同時に笑)」といったような夫婦間の対話にThが少し“茶々を入れる”といった“ざっくばらん”な会話が展開するようになっていた。同セッションの最後には,「妻はだいぶ元気になってきました。蕁麻疹もまったく出なくなって体調もよさそうです」と一郎さんから再び希さんの体調の良好さが報告される。

テーマ面接10回目の最終回（＃ 32：10月）には，テーマ面接についての「ふりかえり」が行われ，一郎さんは「家でも会話の種類が増えたように思える。妻の考えがよく分かった」と感想を述べ，希さんは「先生（Th）に立ち会ってもらうと，普段話しにくいことも話しやすくなるので，とてもよかった。ここで話し合ったことの延長戦が，家庭でもできたのもよかった」などと話す（この頃は，テーマ面接での話題が，その後の家での食事中などにも話されるようになっているとのことであった)。

このセッションの最後に夫婦ともに（特に一郎さんの方が積極的に）テーマ面接の継続を希望するが，Thはこの時点では［ずるずるとマンネリになるかも？］という感触があったので,〈一度，間を置いて状況を見ながら，また必要だと思ったなら始めませんか？〉と提案すると，夫婦とも「では，また必要だったら希望を出します」と述べて了承する。

その後も約２週に１回の希さんとの個人面接と月１回の夫婦面接は続けられたが，テーマ面接終了後，４カ月後に一郎さんの方から再びテーマ面接再開の希望があったため，二度目の「夫婦テーマ面接」を実施した（＃ 40～＃ 63：X＋２年４月～ 12月)。一度目よりスムーズな，そして「将来の計画」「子ども」「相手の死」など，より込み入った・深いテーマで，Thが立ち会いのもと，夫婦同士の意見交換がなされた。

【第４期】夫婦面接の継続，セラピストの交代まで　＃ 64（X ＋ ２年 12 月）～＃ 74（X ＋ ３年３月）

＃ 63 で夫婦テーマ面接は一旦終了し，希さんからも「夫婦間での対話がしやすくなったこと，お互いの性格の違いがはっきりしたこと，私自身が主人に対して言いたいことが言えるようになったこと」といったテーマ面接の効果が述べられた。この頃は，再び２週に１回の希さんとの個人面接と月１回程度の夫婦面接を併行して行うという構造になっていた。またこの頃には，解離・パニック症状は完全に消失し，蕁麻疹などのアレルギー症状に対しても「季節の変わり目やちょっと疲れが溜まったりすると，少し蕁麻疹が出てきたりします」と希さんが述べるように，日常生活で困らない程度まで軽減した。

この時期の希さんとの心理面接では，主に希さん自身の過去（病歴）をじっくりと振り返るような話題が自然と取り上げられるようになり，内省的なカウンセリング作業が始まっていった。24 歳の頃のＥ市でＦ医大病院通院のために一人暮らしを始めた頃，発作が一番ひどかったこと，その時の医師も初めてのケースで迷っていた様子だったこと，２日に１回通院してそれ以外は英語学校に通っていたこと，31 歳の時，母親に自分の精神的な思いを全部思い切って話したことが病気の改善には大きかったこと，主治医が東京にあるＣ病院を絶賛していたので，上京するのは不安ではなかったこと等々話す。今までお世話になった医師の印象，また Th にカウンセリングを受けたことで，20 年前からは想像できないくらいとても体調も気持ちも楽になったことなども話す。

そのような希さんの話を聴きながら〈本当に苦労されてきましたね～。でも本当にここまで来られてよかったですね！〉と Th が言葉を返すと，希さんは嬉しそうな表情で，今は一郎さんと本当にうまくいっていると述べ，「複数の友人からも主人が変わったと言われたんですよ」と話した。また「あの私の父や母がいたから，今の自分たちがあるんだと主人とも話したんですよ」としみじみと語ったので，Th が〈どういう意味ですか？〉と聞き返すと，夫婦でお互いの家族を分析し合って，その結果はお互いの親とお互いのパートナーがよく似ているということが分かって，納得し合ったとのこと。〈なるほど，それはおもしろい発見ですね〉と感心しながら，Th には［もう十分に夫婦面接の場を提供しなくても，夫婦の間で“深い対話”ができているなぁ］と実感できた。

X ＋ ３年２月に Th の転勤が決まり，それを希さんに伝えた直後は「カウンセリングも治療者の交代ってあるんですよね……」と（以前の引っ越しでもあったような Th の交代は）少しショックな様子であった。その後，一郎さんとともにセンターでの希さんのカウンセリングの継続を確認し，新しいカウンセリング担当者との引き継ぎをした後，＃ 74（X＋３年３月）で Th との面接は終了となった。

Ⅲ．おわりに：この事例を通して考えたことと少しのまとめ

Th は，希さんに対して「話しやすさ」を当初から感じていた。希さんの話に十分共感できることが多かったし，会話の疎通感もよく，そのせいか，面接開始初期は希さんへのジョイニングを心懸けながらも，話の内容に少々巻き込まれ気味に話を聴いていたのかもしれない。希さんとの個人面接のみを続けても十分に対応できたのではないかと思う一方で，今から考えると，泥沼にはまってしまうような面接が展開する可能性もあった。

このケースでは，問題の発生源から考えて，夫婦面接が必要とこの時には判断し，それを開始することになったが，そう考えると，結果的には治療プランとしてはこれでよかったのかもしれない。

また，実のところ，夫の一郎さんは Th にとっては苦手なタイプであった。それは夫婦面接を開始してから（当然のことであるが）はじめて分かったことであった（ちなみに私にとっての苦手なタイプとは，「ワンアップ・ポジション」を自然にとっている人である）。

それゆえ，今このケースを振り返ってみると，夫婦面接の前半は，Th は自然と希さん寄りの対応になりがちになり，結果的には一郎さんへのジョイニング不足，ましてや夫婦システムへのジョイニングは欠如してしまったのかもしれない。中盤は，そのジョイニング不足を取り戻そうと必死だったように思う。

恥ずかしながら，この夫婦システムにやっとジョイニングできたのは「テーマ面接」を始めたあたりであろう。

このケースの場合，「テーマ」を通して話し合うという形式の中で，夫婦と Th との「間（あいだ)」が創られていき，同時に夫婦システムにジョイニングができるようになり，そこから治療展開していったのかもしれない。思い出してみると，その頃には Th の中の一郎さんに対する苦手意識は消失し，夫婦面接場面で一郎さんの“理系的な論理的な意見”を聴くのがむしろ楽しみになっていたのを思い出す。また，夫婦間の緊張関係が面接場面で発生し

ても私が余裕を持って臨めるようになったのもこの頃であった。

それだけでなく，上記のケース報告では描ききれなかったが，テーマ面接の後半は「テーマ」という“おもちゃ”で，夫婦と Th の３人が「一緒に遊んでいる」という感覚が（少なくとも Th の中では）確かにあった。これは，テーマ面接前の夫婦面接においては，Th は「通訳者」的な役割だったのに対して，テーマ面接開始後の Th は「協働者」的役割に変化していると感じられた。「テーマ」という三者の「間」にあるものによって，三者を「遊ばせる」空間が創られていったのではないだろうか。

この「間」は，いわゆる「外在化」とは違って，もともと希さんや一郎さん（そして Th）の中にあったものを外に出したものではなく，新たに面接場面において創出（構築）されたものである。筆者は，個々のケースに応じてさまざまな「間」が，面接場面でオーダーメイド的に創られていくものと今は考えている（「テーマ」はそのさまざまなものの一つに過ぎない）。

結果的に，このケースを通して Th に与えられた課題の一つは，上述したような家族面接において繰り広げられる「間」の創出とその活用をしっかりとみつめていきなさい，そしてそのことを考えて続けていきなさい，ということかな？……と単純な考えではあるが，今のところは思っている。

このケースの夫婦は，夏と冬に二人で温泉旅行に行くことが恒例の楽しみであった。今もどこかの温泉で，夫婦の「間の対話」を楽しんでいるだろうか。もしそうであったならば，一緒に昔「間」で遊べた仲間の一人として，ささやかな喜びを感じることができそうである。

八巻論文へのコメント１

福山和女
（ルーテル学院大学名誉教授）

治療関係における間の創出と脱三角形

第 21 回家族療法学会木更津大会で座長を務めさせていただいた折に，八巻秀先生が，事例検討として本論文の事例を提供して下さった。その時にとても興味深く伺ったことを今思い出している。事例は，以下の通りである。

[事例概要]

・妻（本人）は 40 歳代，解離症状（意識消失発作），パニック発作があるが，情緒を大切にする特性を持つ。夫は，50歳代である。論理的に考えるという特性を持つ。
・面接過程は妻（本人）と個人面接を継続し，途中で夫婦面接を採用した。

事例検討の目的は，夫婦を対象とした治療経過を分析し，夫婦面接における「間」の創出が妥当であったかどうかについての理解を深めることとする。まず，概念を理解するために次の文献を参考にした。『精神医学への招待―心の病を理解するために』（Crowcroft, 1967/1980）によると，患者の状態の悪化として見られる解離（dissociation）は一種の防衛機制であるとされ，本能的なことを抑圧し，そのような現象が生じた場面の意識的記憶を喪失，抑圧する。本能満足と本能禁止との間の一つの妥協であると記されている。

「間主観的な場」については，治療場面と治療関係との関連性から，患者も治療者もそれぞれ固有の成り立ちを持った主観的存在であるとみる。各自は，主観的世界を構造化して自己と対象との関係を体験し意味づける。精神分析では，患者と治療者との間主観的な場に生じる現象を明らかに理解するとされている。このように概念理解をするならば，本事例での治療関係で出現した問題現象については以下のように理解できる。

1）自己心理学的立場から治療者が患者の自己対象転移を理解できていないために生じたもの。また，子どもの時に親の共感不全のために親との間で失敗に終わった発達促進的な自己対象体験を，再び治療の場で得ようとして生じたもの。
2）かって親に期待したと同じように，自分の主観的立場から世界を見て欲しいと自己対象への期待を治療者に向ける。しかし治療者が客観的な見方をするように患者に求めたり，患者に現実検討をするように急がせたりすると，子どもの頃と同じような共感不全の外傷的な場面となって対象者に受け止められる。

このように理解して，治療経過の分析を試みる。

［治療経過］

①夫婦関係の中で，夫よりも妻のほうが居心地悪く，第三者である治療者を巻き込もうとした。その結果，夫婦関係が穏やかになるはずであった。
②夫のほうが，妻よりも居心地悪くなり，妻と治療者からの部外者意識が

出てきた頃，同時的にもう一人の他者を巻き込む状況が発生した。

③妻は，治療者が彼女の思いを理解してくれると期待していたが，治療者は通訳的立場を取ることで，夫婦両者から等距離に立つよう努力した。かなり遠ざかっている。

④これを感知した妻は，再び治療者を巻き込むために症状を呈した。

⑤そこで，治療者は，確実に夫婦の三角形から脱するために，夫婦が抽象的なものを三角形化するように策を練った。そして治療者はこのシステ

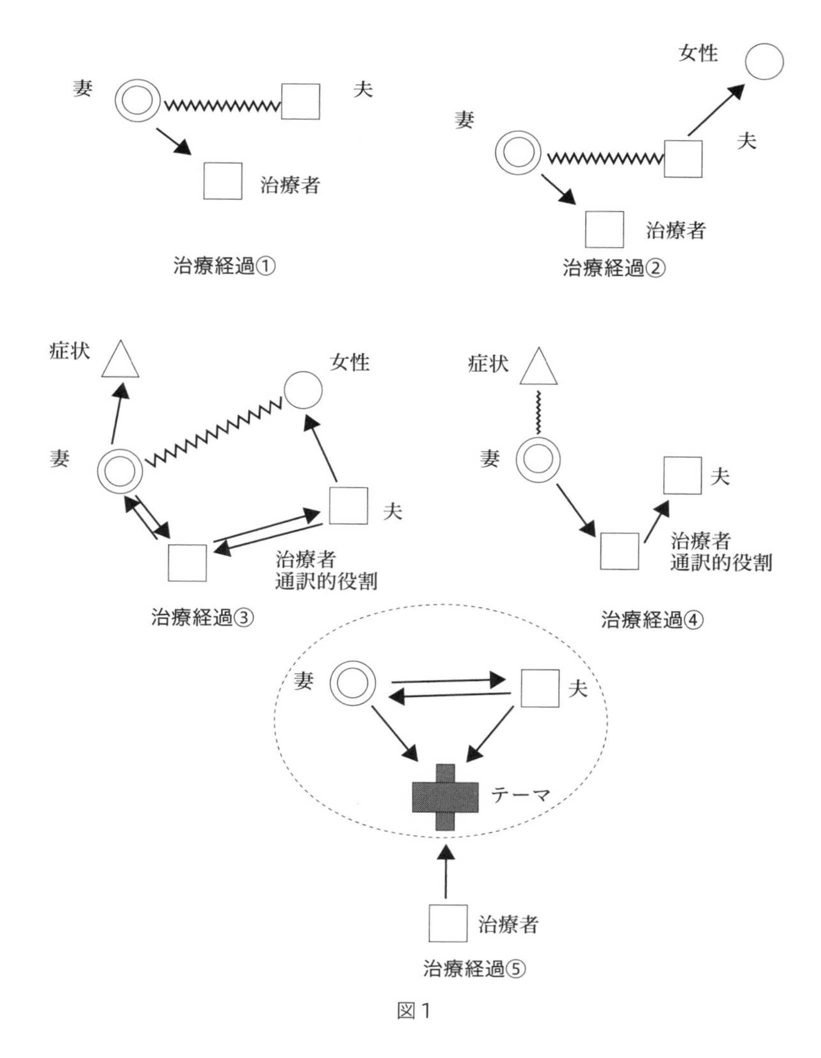

図１

ム全体に働きかける立場をとった。

『家族評価』の中で，Bowen, M.（1988）は次のように言っている。

> 人が単に技術として脱三角形化したとしても，その意図はほとんど達成されない。脱三角形化は，人間行動に関するシステムの概念化を意味する。本質的に中立とは自己を規定する能力であり，自己の見解に執着し，他者の見解を変えることに情動的に没頭することではない。人は，最も情動的につながりのある三角形と接触し，中立や離脱を達成しその中立に従って行動するならば，他の二者間の緊張は緩和されるであろう。

脱三角形化するには，この行動をとる人に，
１）自分以外の二人が形成する関係過程の両側面を見る能力
２）過程についての概念がどうあるべきかの考えに曇らされることのない能力
３）脱三角形の態度を伝達する能力

これら３つの能力が求められる。特に，症状の背景にある基本の情動過程を見ること。つまり個体性と一体性の相互作用やその相互作用に及ぼす不安の影響を見ることとしている。

この事例の場合，妻との個人面接がこの間主観的な場を構成し，治療者はこの夫婦に巻き込まれ三角形化された。妻の治療者との連合が夫に部外者であることを感じさせた。

治療者はそれを敏感に受け取り，何とか脱三角形化するための努力をして通訳の役割に徹したが，二等辺三角形のように治療者と夫婦との距離ができ，これに対して妻が不安を感じ，さらに巻き込むための症状悪化を示した。そこで，夫婦に連合を形成させるために，治療者は脱三角形化を続け，夫婦が一つのテーマを話し合うことでそこに抽象的な対象を三角形化することで夫婦の関係に安定が生じた。これは家族システム的取り組みであるとしてその効果を評価できると考える。

文　　献

Crowcroft, A.（1967）The Psychotic: Understanding Madness.（藤縄昭・三好暁光・

新宮一成訳（1980）精神医学への招待―心の病を理解するために．創元社．）
Kerr, M. E., Bowen, M.（1988）Family Evaluation: An Approach Based on Bowen Theory.（藤縄昭・福山和女監訳（2001）家族評価―ボーエンによる家族探究の旅．，金剛出版．p.162．）

八巻論文へのコメント２

田村　毅
（田村毅こころの診療所）

八巻さん同様，私もワンアップ・ポジションは苦手です。そういう人も苦手ですし，私自身がそういう立場をとることも嫌いです。多分，私が学会の評議員にさせていただいたばかりに，コメンテーターとして雑誌編集に協力しなさいというメッセージが与えられたのだと思います。直接お会いしてお話しするならまだしも，学会誌上で人の書いた論文にコメントするなんて，ワンアップ・ポジションの極みです。八巻さんも私も，神がかった依頼を断ることができない立場は共通ですね。しかたがないので，気を取り直し「さらなる学びの機会」という文脈にすり替えようとするわれわれの勇気と合理化を，まずたたえあいましょう。

学会という枠組みの中でのわれわれの立場と同様，家族という枠組みの中でのご夫婦も，与えられた位置関係によって繰り返される家族の交流パターンにはまり，そこから逃れられないのだと思います。壺にはまって身動きできない家族システムにジョイニングして，なんとかその交流パターンをずらせないかなと，私は普段考えています。八巻さんが希さんと一郎さんとの会話に加わったことで，夫婦間に新しい文脈が生まれ，新たな「間」が創出されたのですね。70回にも及ぶ丁寧な面接の経験は，ご夫婦，八巻さんばかりでなく，読ませていただいた私にとっても大きな実りでした。

夫婦交流の道具としてテーマ面接を導入したことは，このご夫婦にとってとても親しめるものだったと思います。ふつうの面接において，クライエントは問題の表現とその解決に意識をとられ，面接の流れを作ることにはほとんど参与しません。自由に会話が流れながら，治療者がそのつどのテーマを意識の隅に置き，面接の流れの舵取りをしていくのだと思います。その点，八巻さんの提示したテーマ面接では，ご夫婦自らがテーマを選択し，話題を特定するので，ことに感情表出の苦手な一郎さんにとってやりやすかったのでしょう。私は大学の授業では一生懸命テーマを提示していますが，心理面接ではあまり構造化していません。八巻さんに触発され，今度，この両者を逆転してみようかなと思います。

また，八巻さんはご夫婦の間を創出するにあたり，ご自身と希さんの間，ご自身と一郎さんとの間の創出にも十分配慮されていますね。希さんへのジョイニングがスムーズだったのに比較すると，一郎さんに対しては雰囲気に圧倒され，苦手なタイプであることを意識されています。ワンアップ・ポジションをとる人に対する苦手さは，八巻さんと私ばかりではなく，一郎さんにも共通しているのではないでしょうか。特に男性は，人間関係のヒエラルキーの中で，自分の位置，相手との間を計ることに慣れていますから。

一郎さんが醸し出す，まわりを圧倒する雰囲気は，どのようなスタンスで臨んだらよいかわからない，間合いがとれない相手に対する不安からくる防衛であったように感じました。八巻さんが，最近の心理学の理論を説明することによって，一郎さんにとっては面接の意味ばかりでなく，八巻さんとの間のとりかたも確認できたのではないでしょうか。

一方，女性である希さんはそのような位置関係にこだわることもなかったのだと思います。あえてその文脈で考えれば，生育歴の中で被害的で危険なワンダウン・ポジションをとってきた希さんにとって，治療場面で繰り広げられる共感的・保護的なワンダウン・ポジションは心地よいものだったのでしょう。

ところで，希さんへの治療は，いつまで続くのでしょうか。次の治療者に引き継ぐ必要があったのでしょうか。治療関係が希さんにとっての重要なサポートシステムに組み込まれてしまうと，症状が消失した後も，そこから離脱できなくなり，いつまでも軽い症状を出し続けるのではないでしょうか。私もそのようなケースによく遭遇しますし，本人の自立の手段というよりも，治療が依存対象として用いられることは，日本的な治療関係にありがちだと思います。

しかし，希さんとの治療の終結を治療者側から提案すると，見捨てられた感覚を抱き，症状が悪化することを危惧します。そこで，たとえば個人面接をやめて，夫婦面接だけにしたらどうだったでしょう。希さんへの個人面接と夫婦面接の併用は，希さんがIPであり夫婦面接は希さんの問題を解決するために一郎さんが協力するという構造ですね。それを逆転するチャンスが夫からテーマ面接継続を申し出た時だったと思います。なぜ，夫のほうが積極的に継続や再開を希望したのでしょう。そこを突っ込み，一郎さんが語る面接の必要性を希さんが聴けば，希さんが一郎さんに協力するという構造の逆転も作れたのではないかなと思います。

希さんが一郎さんに対するワンアップ・ポジションを体験できたら，治療者の温かいまなざしが必要だという，彼女の依存欲求を満たすために，常にとり続けてきたワンダウン・ポジションから自己を解放できたのではないかと思います。

八巻さんがご夫婦との治療を離れた今，これも「たられば」の話ですが，コメントというよりは，勝手に連想してみました。

ここから先はオフレコですが，八巻さんからのリコメントの際には「田村さん」づけしていただけると嬉しいです。

リコメント

八巻　秀

お二人の先生方，貴重なコメントをありがとうございました。このように文面でいただくと，じっくりと何度も読める点がよいですね。期待以上の「さらなる学び」の機会となりました。

まず，福山先生には，学会発表時の座長としてのコメントを，今回さらに細かく解説いただき，Bowen, M. の「家族システムズ論」の一部を咀嚼できたように思えます。夫婦面接における「間の創出・活用」が，治療者にとっては「脱三角形化」であり，夫婦にとっては新たな安定した「三角形化」になるという図を使っての分析は，まさに「目から鱗が落ちる」見方でした。この概念を当時知っていたならば，この事例はもっと違う（早い？）展開になっていたかもしれません。また「間主観性」の考え方は，私にとって，精神分析の中でもっとも臨床的に共感できる概念です。勝手な解釈かもしれませんが，Bowen は，すでに「間主観性理論」と「システム論」のいずれも見据えていたのではないかと思われました。まさに温故知新なんですね！

福山先生からの暖かいコメントを通して，さらに Bowen 理論を学んでいく必要性や意義を強く感じています。ありがとうございました。

田村先生，いや田村さん（ちょっと慣れないですが……）からのご指摘である，一郎さんが醸し出す雰囲気は「間合いがとれない相手に対する不安からくる防衛」であるという点は，ワンアップ・ポジションへの別の観点として，とても納得できました。そのような一郎さんへの理解の仕方があれば，ジョイニングがスムーズにできるだけでなく，「希さんが一郎さんに協力するという構造」をこの夫婦面接で作ることができたのではないかと思います。やはり最後まで希さんの話に「巻き込まれ」気味だったのかもしれません。

なぜテーマ面接の継続を夫婦の方から申し出るというチャンスに，私が［ずるずるとマンネリになるかも？］という感触を持ってしまったか？　今あらためて考えると，実はその時に［ちょっと（夫婦テーマ面接を）ひと休みしたい］という気持ちが，私の中にあったのではないかと思います。それは夫婦テーマ面接が，通常の夫婦面接よりも，治療者のエネルギーコストが高いからなのかもしれません。それを治療者が自ら意識化できたならば，通常の夫婦面接をもっとこまめに実施するなり，配慮できるところがあったのではないかと思います。

田村さん（……やっぱり慣れません），田村先生，温かくも鋭いご指摘をありがとうございました。

最後の最後になりましたが，心理臨床の神様の代わり（？）に，このような機会を与えてくださった「某先生」である，システムズアプローチ研究所／コミュニケーション・ケアセンター（当時。現，龍谷大学）の吉川悟先生にも感謝の気持ちをお伝えして，リコメントを終えたいと思います。

第２章

「システム論」で学校をみるということ

Ⅰ．はじめに

「学校はシステムである」。学校臨床の世界で，このように言われて久しい（吉川ら，1999）。しかしながら，このような「システム論的なものの見方」をしっかりと理解しながら，学校臨床活動を行っているスクールカウンセラー（以下 SC）は，残念ながらまだまだ少数派であろうと思われる。それは「システム」と言うと，どうも難しい理系的雰囲気が漂いがちになり，多くの人が固い機械的あるいは制度的なイメージを持つからなのかもしれない。

例えば，銀行の ATM の「システム」が麻痺したことによって，預金が下ろせなくなったという問題が，過去にも生じたことがあったが，きっと多くの預金者は「銀行のシステムの問題だ！」と文句を言ったであろう。他にも「パソコンのシステム」「ネットワーク・システム」「会社のシステム」「入会システム」などのいろいろな言葉がいくつもあげられるように，現代社会では「システム」という用語は，日常語として，あたりまえのように飛び交っている。

この「システム」とは，本来は「システム（理）論」という考え方を背景とした「ものの見方」である。そのシステム論を学校にも適応したのが「学校システム」という考え方なのであるが，あらためてシステム論に基づいた「システム」そして「学校システム」とは，本来どのような意味なのか，システム論による学校アセスメントとはどのようなものか，といった点について，本稿では述べてみたい。

Ⅱ.「システム」とは何か

システム論における「システム」の定義は，以下の通りである。

> 複数のものが集まって，互いに影響を及ぼし合って存続している，まとまった法則を持っている，あるいは１つの働きをする集合体。小は分子レベルから，大は宇宙レベルに至る。

このように「システム」は，複数のものが存在すれば，機械や制度だけに限らず，生物・人間の個や集団に適応できるものの見方なのである（初めてシステム論を唱えたベルタランフィー Bertalanffy, L. は，生物学者である！）。

これまで心理臨床の世界では，「家族システム」がよく取り上げられてきた。「家族システム」とは，いつの間にか繰り返されている家族内のパターンやルールのことである。例えば，食卓の座席の位置がいつの間にか家族の間で決まっていることなどもそうであろう。つまり「家族システム」は，「親子関係が良い」とか「夫婦仲が悪い」など，一般的な意味での「家族関係」のことではなく，「安定的・自動的に繰り返される家族のコミュニケーションの連鎖，あるいはパターンやルール」をさしている（東，2010）。家族療法は，この家族システム論を採用してから，大きな進化・進歩を遂げたと言えるだろう。

では，次にシステム論を学校という場に適応した「学校システム」について考えてみよう。

Ⅲ．システム論に基づく「学校システム」について

１.「関係性」への注目

学校コミュニティにおいては，児童・生徒・教師・保護者・地域住民・SC など，さまざまな人が関与しており，それらの「人間関係」が存在し，その間で日々さまざまな出来事が起こっている。学校で起こる何らかの事例においても，その当事者に限らず，まわりのさまざまな人間関係が絡んでいて，いわゆる「関係性の問題」が生じている。

例えば，不登校事例には，本人だけでなく，それを巡る家族関係が存在しているものである。それゆえ，学校臨床活動においても，この「関係性」に注目する必要があり，この「関係性」に焦点を当てる心理社会的援助の１つ

の方法が「システム論的アプローチ」なのである。

そして，心理臨床活動における「システム」とは，セラピストがもつ1つの「仮説」でもあり，その「仮説設定」をしながら，振る舞うと，(臨床活動が）やりやすく，効果的になるということが，システム論的な作業仮説とも言える。

2．学校システムとは

では，ここで「学校システム」とは，どのような仮説であるのか，簡単に示してみよう。

> 学校とは，構成メンバー（児童・生徒・教師・保護者・事務員・SC等々）が相互に影響し合っている有機体であり，その学校独自のコミュニケーションのパターンあるいはルールをもって機能しているシステムである。

このような仮説をもつことによって，学校内でのSCが観察していくポイントが大きく変わってくる。この観察ポイントの変化とはどのようなものなのか。

ここで，ある中学校での朝の一場面を描きながら考えてみよう。

《ある日の朝の某中学校職員室での一場面》

「おはようございま～す！」
養護教諭の中田先生は，朝の挨拶をしながら職員室に入ってくる。
「おはようさん！」
職員室の入口の近くに席がある生徒指導主事の内山先生が，元気に挨拶を返してくれる。職員室の中田先生の席は，内山先生の向かい側である。中田先生はそこに座りながら，今日の仕事の準備にとりかかる。
そこへ教育相談担当の佐藤先生が近づいてきて
「中田先生，おはようございます。２年Ｂ組の花子さんのことなんですが……」
と中田先生に声をかけてくる。その時，即座に横から
「あっ，そうそう中田先生ね，今日は３時間目に教育相談部会があるから出席よろしくね」
と内山先生が遮るように話す。それに対して佐藤先生は渋い表情で

「内山先生，３時間目は，２年の花子さんがちょうど保健室登校をする時間なんですよ。中田先生が保健室にいてもらわないと困ります」

と話すと

「それはこっちも困るなあ〜。やはり中田先生には教育相談部会にでてもらわないと。佐藤先生，調整できない？」

内山先生が少し強い口調で佐藤先生に返す。佐藤先生は

「う〜ん，そうですか……」

とちょっと困っている様子。

そこで中田先生は

「そうですね。私もできるなら教育相談部会に最初から出ておきたいので，佐藤先生，私から花子さんの自宅に電話して，登校時間の変更をお願いしてみましょうか？」

と佐藤先生にそう答えた。すると，佐藤先生は

「そうですか……じゃ〜先生お願いできますか？」

すると，内山先生は笑顔で

「OK。そうしてもらえると助かるよ。じゃ〜中田先生，頼むね」

朝の職員室でのほんの数分の出来事であるが，この場面から観察できることは何であろうか。システムを観察していくために，まず気をつけることは「事象（事実)」と「解釈」を分けることである。

例えば,「もしかしたら佐藤先生は，内山先生を内心嫌っているのではないか」などということは，この場面から想像（妄想？）できなくもないが，これはあくまでも１つの「解釈」である。システム的観察のポイントは，観察したこと（＝事象）をそのまんま・素朴・素直に取り上げ並べてみること，つまりその場面のコンテクスト（詳しくは後述）を読み取ろうとすることが大切である。さて，この場面から感じ取られる事象をいくつか例としてあげてみよう。

①職員室の入り口付近にすわる内山先生は，外部からの入場者に対して反応（挨拶など）している

②佐藤先生が保健室登校の花子さんに関わっていて，中田先生と連携している

③内山先生の方が佐藤先生より高いポジションにいて指導的役割にあるようだ

④内山先生と佐藤先生の意見が対立状況になりかけた時，中田先生が内山先生の意見側に同意し，対立状況を収めている

いかがだろうか？　「何だ，あたりまえだな」と思われたかもしれない。その場のシステムを観察するポイントは「置かれた状況」「その状況での関係性」あるいは「その場での会話のやりとり」というコンテクストを重視して理解しようとすることなのである。ちなみにコンテクスト（context）とは「場，状況，前後関係，関係性，文脈」などと訳されている。

多くの人は，場面観察を行うと，つい「コンテンツ（contents：内容）」に注目して，すぐに「解釈」をしがちになる。例えば，先ほどの場面から「内山先生は保健室登校の生徒のことを考えていない」「内山先生はちょっと強引な性格だ」「佐藤先生は内山先生に反抗的だ」「中田先生は内山先生に媚びている」などといった感想を持った人は，その状況のコンテンツにとらわれた観察をしていると言える。

コンテンツにとらわれてしまうと，多くの場合，人間関係に巻き込まれてしまい，学校現場に限らず，その職場での心理職としての仕事がしにくくなることは，ほぼ間違いないであろう。一方，コンテクストを重視したものの見方は，あくまでもそこで起こっている会話のやりとり（相互作用）をみていくため，「悪者探し」や「原因追及」などに陥らない，「冷静（クール）な」ものの見方をすることができるのである。また，上記の④のような所まで観察できると，その状況で起こっているコミュニケーションの連鎖（パターン）をみていることになり，その場のシステム理解を始めていることにもなる。

３．学校システムの理解は部分システムのコンテクスト観察から

「学校システム」とは，１つのまとまったシステムと考えるよりも，さまざまな部分システム（学級システム，学年部システム，管理職システムなど）で構成され，それぞれの部分システムがお互いに影響を及ぼし合っていると考えるのである。

ところで，システム論には「部分は全体のあり方の結果であり，全体は部分のあり方の結果である」という考え方がある。上記の例で示したようなたった３人のメンバーによるシステム（学校システムの一部分）のあり方のコンテクスト的な理解が，学校全体のシステム理解につながっていくと，システム論では考えるのである。「周辺の木々を丁寧に見ることで，森全体を想像することができる」ということであろうか。

つまり，システム論による学校アセスメントとは，このような「コンテクスト観察を積み重ねることによる，大まかな学校システムの把握」であると，まずは言えるだろう。そのようにして学校システムを大まかに捉えられると，

「この学校では，SCとしてこう動いてみよう」という「作業仮説」が立ち上がり，実行できるのである。
では次に，学校システムの大まかな捉え方と作業仮説の立ち上がり方について，もう少し詳しく考えてみよう。

Ⅳ．学校システムのとらえ方と作業仮説の立ち上がり

１．学校システムは観察しながら「問いかける」こと

臨床上で有効なシステム論の考え方に，

システムのある一部分が変化し始めると，それが全体の変化につながっていく。

というものがある。例えば，学校で発生する１つの事例も部分システム（問題持続システム）であり，それは多くの場合，解決（システムの変化）を求めている。つまり，そのシステムを「問題維持システム」から「問題解決システム」に変化させるために，SC自身が「自分が学校内でどのように行動すればよいか」を具体的に考えていくことが重要である。実は，その手がかりは，目前のシステムを観察しながら，自ら「問いかける」ことから得られるのである。この「問い」から想像し「仮説」が生まれてくるという思考の流れが人間にはある。
このような流れをもう少し具体例で示してみよう。以下に紹介する事例は，首都圏の某私立高校でSCをされている安江高子先生（関内カウンセリングオフィス）の平成22（2010）年度の学校臨床心理士全国研修会での実践報告を抜粋・改変したものである。

私立Ａ高校SCの安江先生（以下Ｙ氏と略）のつぶやき

Ｙ氏がＡ高校にSCとして配置されて２カ月が過ぎたが，「暇」だった。週１回の勤務ではあるが，今までのところ，対応件数は１日に１件あるかないか。
「なぜ，こんなに暇なのかしら？」SCルームにいるＹ氏はつぶやく。
少し仲良くなった養護教諭などから聞いた情報によると，実際，高校内では不登校や退学者など「要対応ケース」は多数発生しているようである。
「何か情報が伝わりにくい状況になっているのかもしれない」再びＹ氏はつ

ぶやく。

考えてみると，この2カ月間，特に，教職員からの対応依頼が非常に少ないことが気になった。「なぜ教職員からの依頼が少ないのかしら？」Y氏は再び問うようにつぶやく。

教職員の「SC活用に関する知識・意欲」が乏しいことは十分に考えられるが，「SCの活用方法」については，さまざまな機会，媒体を通じて，教職員に伝えてきたはずだ。そうすると，単に「SCからの情報提供不足」「教職員の理解・意欲不足」という理由だけでは，対応依頼が少ない事態を理解できない。

「何が問題なんだろう？　そう言えば，さっきも雑談した先生からも，最後に「先生はどこで何しているの？」とか聞かれちゃったよな～」

このほかにも，Y氏にはひっかかるエピソードがいくつかあった。例えば，生徒への対応を担任に報告しようとしたら「詳しく聞いちゃっていいの？」と戸惑われたこと。何気ない談笑の中で相手の教員に「カウンセラーさんがこんなにいろいろお話ししてくれるなんて嬉しい！」と言われたこと。このようないくつかのエピソードから，教職員にとって「SC＝正体不明な人」なのかもしれない，とY氏には次第に思えてきた。思えば，直属の上司であるSC担当教員は，学校内で特別職の地位にあり，他の教職員とは距離が離れた存在だ。SC担当教員と接触する機会が多い上，一般の教職員にとってSCが「対応の報告をせず，雑談にも応じない人」ならば，「SC＝正体不明な人」と思われても無理はない。

「正体不明なSCが教職員にSC活用を勧めても，教職員のSC活用意欲・関心は高まらないのではないか？」

このような「仮説」から，次第にY氏の中に生まれたアイディアは，「まずはSCの「正体不明さ」を解消して，教職員とSCの距離を近づけることで，教職員がSCに対応を依頼しやすい関係性を作ることが大事なのではないか？」であった。

それからそれらの「仮説」に基づいて，Y氏がSC活動として心がけたことは，以下のことである。

①極力カウンセリングルームの外に出て，職員室で過ごしたり，校内を歩き回ったりする時間を増やす

②生徒・保護者への対応内容は，逐一教職員に報告する。また，他の先生にも聞こえる所で，はっきりした声で報告する。また，会議などで生徒

名や対応内容を具体的に報告する
③ SC の関与が必要かどうかはっきりしない案件には，ひとまず首をつっこんでみる
④廊下等で教職員とすれ違ったら，いちいち声をかけたり，職員室での教職員の雑談に参加する。積極的に自分の話もする
⑤「雑用」を手伝ったり，学校行事にも関わる

このようなことを心がけていくうちに，次第にＹ氏のまわりではさまざまな変化が生じた。例えば，教職員と SC との会話が増えたことにより，校内の動きについての情報を教えてもらえるようになったこと。そして SC が関与できる場が増えただけでなく，実際に教職員からの対応依頼や相談事が増え，次第にＹ氏が高校の SC として仕事がしやすくかつ忙しくなっていった。

最初のつぶやきから半年後，Ｙ氏は SC の仕事の帰り道に久々につぶやいた。

「なんか最近，残業が増えちゃったなあ……」

２．学校システムへの関わり方であるジョイニング

この事例でのＹ氏（安江先生）は，最初 SC 活動が「暇」であることに対して，「なんでだろう？」と問い（つぶやき）続けている。そしてこの「問い」から想像しながら，学校システムの「仮説設定」を行っている。仮説を考えることにより，「SC と高校の教職員の関係は，SC 担当教員だけを介してつながっている」という学校システムの構造理解（図１）に至り，そしてその仮説（＋構造理解）をもとにしながら，「SC の正体不明さの解消」を旗印にして，①～⑤の作業仮説を立ち上げて実行している。

このような「学校システムの仮説設定＋理解」→「作業仮説の設定」→「実行」という一連の流れを「学校システムへのジョイニング（joining）」という。ジョイニングとは，家族療法の世界でよく用いられている用語で，元々は「セラピストが，セラピーに来た方々（家族）に上手に溶け込む，あるいは仲間入りすること」という意味であるが，この考え方が拡張されて「集団への良好な関係を作る」ことも，ジョイニングと言われるようになっている。

ジョイニングがうまくいくと，SC は学校システムに溶け込むことができ，学校システム内のメンバーである教職員からの情報収集がスムーズになり，教職員などとの交流が楽になる。結果的に教職員と SC との信頼関係が構築

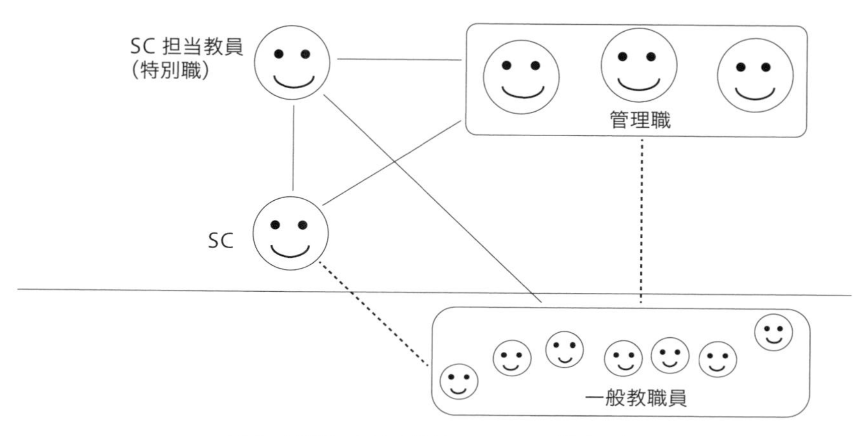

図１　事例における学校システムの構造理解

され，上記の例のようにSCとしての仕事の依頼の増加など，学校臨床活動が活性化されるのである。

このように，学校システムを見立てながら，そのシステムへのジョイニングを行っていくことは，学校臨床活動においては必須のことと言えるだろう（八巻，2007）。もちろん，子どもやその家族，教職員など，個人システムにも，このジョイニングが有効であることは言うまでもない。

Ⅴ．おわりに

以上述べてきたように，システム論による学校アセスメントとは，

SCが学校現場でコンテクスト重視の観察を積み重ねながら，学校システムを大まかにつかみ，学校システムにジョイニングしていくこと。

を指しており，この一連の振る舞いによって，実効的な学校臨床活動が可能になるのである。

あたりまえのことであるが，SCが学校現場において学校システムを観察している限り，「SC自身も含んだ学校システム」をアセスメントしているのである。システム論からみた学校あるいは学校臨床活動では，あくまでも「SCも含んだ学校システムで考えること」を意識することは大切である。そう考えてみると，学校システムをより良く変化させていくために，最も変化させ

やすい部分システムは，SC 自身と言えるのかもしれない。

学校現場に限らず，あらゆる現場の心理臨床活動において，システム論は，究極的には１つの考え方を教えてくれている。その考えを最後に示して本論を閉じる。

> 今ある難しい状況を変えたかったら，仮説を立てながら，まず自分自身の考えや行動（システム）を変えなさい。

文　　献

東豊（2010）家族療法の秘訣．日本評論社．
八巻秀（2007）ブリーフセラピーが心理臨床家の養成に貢献できることは何か―スクールカウンセリングの現場から．ブリーフサイコセラピー研究，16（1）；30-35.
吉川悟編（1999）システム論からみた学校臨床．金剛出版．

第3章

「円環的思考」について
――「問い」から「想像」へ，そして「仮説」へ

Ⅰ．はじめに

平成25（2013）年度の駒澤大学コミュニティ・ケアセンター公開講座は，出張講座というかたちで，東京都世田谷区上用賀にある駒澤大学高等学校の教員研修として，平成26年２月17日（月）15時半～17時に行われて，「教育相談研修：教師のための新しい教育相談的アプローチ――さまざまな生徒や保護者に対応していくために」というタイトルで，いくつかのワークを行いながら体験実習主体で研修を行いました。

その実習主体の研修内容をそのまま記述するのは難しいので，本稿では，その研修でのワークの狙いでもあり，ワークを作るにあたってポイントとなる考え方で，家族療法での基本的なものの見方でもある「円環的思考」について述べることにしたいと思います。その前に「円環的思考」の対極にある「直線的思考」から説明していきましょう。

Ⅱ．「直線的思考」について

私たちは普段いろいろな出来事に対して，「直線的」に物事を考えています。それは，「原因→結果」（原因があるから結果がある）という考え方です。このような「どんな出来事にも原因がある」と考えることを「直線的思考」（あるいは「直線的因果律」）と言います（図１）。これは原因と結果が１：１で対応する因果論的な発想です。

例えば，「この子が不登校になった（結果）」のは，「母親が甘やかしたから」

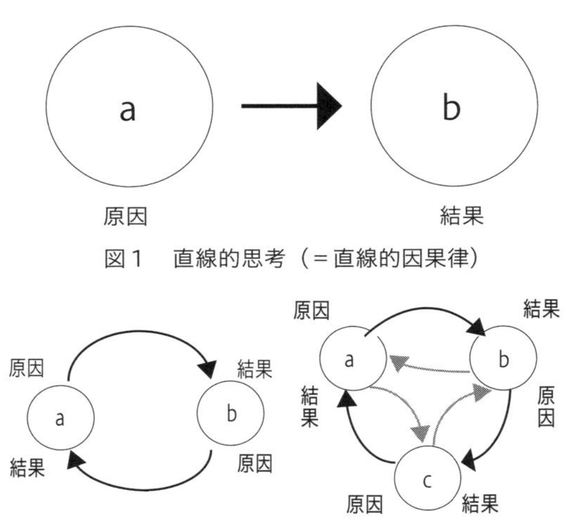

図１　直線的思考（＝直線的因果律）

図２　円環的思考（＝円環的因果律）

あるいは「父親が仕事人間で，子どもの養育に無関心だったから」などと原因を考えることはそうですし，「どちらが正しいか？」「真実はどちらか？」といったディベート的な考え方なども，「直線的思考」と言えるでしょう。「直線的思考」は「機械論的思考」とも言われています。確かに機械や何か物が壊れた場合，原因を調べれば，修理・修復することは可能ですよね。「直線的思考」は機械などに対しては，解決のための有効な思考法と言えるでしょう。

Ⅲ．「円環的思考」について

これに対して，「円環的思考」とは，「原因は結果であり，結果は原因だ」「善は悪であり，悪は善である」などと相互作用的に考えることです。つまり，ある現象や出来事を見た時，１つの原因を考えるのではなく，さまざまな見方，考え方が存在する（あるいは循環している）と考えるのが「円環的思考」（あるいは「円環的因果律」）です（図２）。

円環的思考は，心理療法の１つである「家族療法」から生まれてきたものの見方です。円環的思考（あるいは家族療法）では，人間関係や出来事は相互に関連し，循環している「システム」であると考えます。つまり人間関係を始めとした社会の出来事は，「システム」として巡り巡って関連・影響し合っているという考え方です。家族療法の発展に大きな影響を与えたアメリカの文化人類学者・社会学者・心理学者であるグレゴリー・ベイトソン Bateson, G. は,「(直線的) 因果律は円環的因果律の一部でしかない」と主張しました（Bateson, 1979/2001)。

このような円環的思考を採用している家族療法では，さまざまなケースに対しても「「どちらか一方が正しい」といった思い込みが，問題を存続させている」と考えます。そこで，クライアントが信じている枠組み，例えば,「母子関係が問題だ」とか「子どものわがままだ」といった前提（これは「直線的な思考」になっていますね）をまずは一旦保留にして，セラピストが「円環的」に考えていくことによって，悪者探しをするのではない問題の解決を目指そうとするわけです。こうした視点を持つことは，人間関係を調整する仕事，例えば学校教育相談などでも，大変有効な武器になると考えられます。

Ⅳ．問題行動について考えると自然と「直線的思考」になる

前述したように，人間の問題行動を議論する際，現代を生きる私たちはついつい自然に「直線的思考」をしてしまいがちです。例えば,「あの子が授業中，落ち着かないのは，発達障害だから」とか,「学級崩壊になったのは，担任の指導力がないから」などといった感じです。このように現場で「直線的」に考えてしまうと，すぐに原因を特定してしまうので，問題行動が起きるその背景や文脈について，深く聞き出すことは少なくなってしまうでしょう。

例えば学校現場であれば，生徒の問題行動を巡る状況・事情を探ろうとはせず,「不登校」「発達障害」「怠け」などというレッテルを貼って，簡単に片付けてしまっている場合も多く見受けられます。ちなみにレッテルを貼るという行為も「○○（レッテル）が原因だ！」という思考が背景にありますから，それは直線的思考を行っていることになります。

人間関係あるいは問題行動に対して取り組む場合，このように直線的思考を採用すると，結局は「悪者探し」になっていくことが多く，それは問題を硬直化して，問題状況を維持させてしまう要因にもなります。結局，問題解決は時間が過ぎるのを待つという哀しい状況になってしまうことが，現場では多く起こっているのかもしれません。このような問題の硬直化（あるいは問題の維持）を避け，問題解決の手がかりをつかむ方法の１つとして「円環的思考」があります。

Ⅴ．「円環的思考」をできるようになるには？

では，どのようにすれば，直線的思考に陥らずに，円環的思考ができるようになるのでしょうか？

家族療法家である東豊は，円環的思考を採用しているシステムズアプローチを実践することに向いている人について，次のように述べています。

> いわゆる柔軟性というのでしょうか？　円環的に物事を考えることができる資質はどうしても欠かせないもののように思います。ああにも思える，こうにも見えるという，場合によっては節操がないと陰口をたたかれかねない，コウモリのような，はたまたカメレオンのような態度。一派に属さない，いわゆるノンポリ。言い換えれば，「思い込みの少ない人」ということだと思います。それはおかしい。そうは言ってもお前はシステムズアプローチ派に属しているではないかと，円環的思考のできる人に，より上位ポジションからの指摘を受けるかもしれません。これに対する言い逃れはこうです。システムズアプローチの考え方が真実であるとも一番正しいとも思っていません。ほんの仮説です。ただし，心理臨床家として仕事をしていく上で，今のところ，もっとも役に立つと思われる仮説です。もっと役に立つ仮説が出現したら，さっさと乗り換えます。（東，1993）

このように，東は心理臨床家として，よって立つ理論であるシステム論さえも「ほんの仮説」である，ただし「今のところ，もっとも役立つ仮説」であると述べています。このような「仮説思考」を持てるようになることが，円環的思考を実際に行えるようになるための第一歩あるいはコツではないかと思われます。

では，さまざまな出来事に対して，多くの「仮説」を立てられるようになるために，どうしていけば良いのでしょうか？

それは，その出来事に対して，すぐに判断することを止めて，まず「問い・疑問」を立ててみること。その状況に「なんでだろう？」と問い，たくさんの疑問を考えることを習慣化させるのです。ちなみに「判断」は直線的思考につながる基です。いったん「判断を停止」して「問い」を行うことが，円環的思考（あるいは仮説形成）の基になります。そして次に，その立てた

「問い・疑問」に答える・説明するように，出来事についてイメージ（想像）していきます。最初は根拠のない「妄想」でもかまいません。問いに対して「妄想」しながら，次第に現実的にあり得るかと吟味して，いくつかの「空想」「想像」をしていきます。そうすると，「妄想」から「空想」「想像」，そして「仮説」へと思考が流れていきます（児島，2004）。

以上のように，「判断停止」⇒「問い」⇒「妄想」「空想」「想像」⇒「仮説」という思考の流れを繰り返すことにより，１つの出来事に対して「複数の仮説」を持つことができ，結果的には円環的に物事を考えられるようになっていきます。繰り返しますが，円環的思考を行うコツは，さまざまな出来事に対して，「判断することを停止」して「なんでだろう？」とまず考えてみることです。

Ⅵ.「円環的思考」による人間関係の問題への取り組みのススメ

人間関係における問題は，いろいろな原因およびいろいろな仕組みで発生するものであり，複雑で簡単に原因は特定できないものです。そのような中で行う原因探し（＝直線的思考）は，結局は「悪者探し」となり，時に問題をより大きく複雑にし，問題解決を遅らせる，あるいは問題を停滞させてしまいます。さまざまな人間関係の問題において，ご紹介してきた「円環的思考」で新たに取り組んでみることは，悪者探しに陥らずに問題解決を促進する新しい発想と言えるでしょう。

もちろん，すべての出来事について「円環的思考」で考える必要はありません。普段は「直線的思考」で考えながら，その中で行き詰まりを感じている出来事，あるいは自分にとって大切な出来事などに対しては，ぜひ「円環的思考」を採用してみてください。今までにはない新しい解決が構築できるかもしれません。

文　　献

Bateson, G.（1979）：Mind and Nature：A Necessary Unity. Brockman Inc.（佐藤良明（2001）精神と自然—生きた世界の認識論．新思索社.）
東豊（1993）セラピスト入門—システムズアプローチへの招待．日本評論社.
児島達美（2004）家族臨床：私の見立て—妄想から空想へ，そして仮説へ．家族療法研究，21（3）；47-51.

第4章

《書評》坂本真佐哉，黒沢幸子編『不登校・ひきこもりに効くブリーフセラピー』2016年，日本評論社.

2016年のブリーフサイコセラピー学会の六本木大会における学会企画シンポジウムでも，「“ブリーフ”の再定義」が話題になっていましたが，「“ブリーフ”，あるいは“ブリーフセラピー”とは，何か？」という問いは，この学会において，常に問い続けていくべき永遠のテーマであろうと思います。

その「ブリーフセラピーとはなんぞや？」というテーマをベースに置きながら，不登校・ひきこもりといったケースへの対応を通して，現在バリバリ最前線で取り組まれている臨床家の方々が，「ブリーフセラピーって，こう考えながら，こう実践することなんじゃないの？」と，わかりやすく答えてくれているのが，この本です。読後感は一言，「超読みやすくて，面白い!!」

私のような読書が苦手（かつ，皮肉にも，このような書評や読書感想文も小学校時代から苦手！）な者にとっても，執筆者お一人おひとりの文章が，とても読みやすく，一人ひとりのブリーフ的臨床実践をイメージしながら，あっという間に（というのは少し大げさかな？）読み進めていくことができました。

ところで，心理臨床の業界では，相変わらず精神分析系の新しい書籍が，毎月のように次々と出版されています。そのせいかどうかはわかりませんが，世間一般の人々の認識は，「心理学＝精神分析」という印象は，まだまだ根強いですよね。このネットの時代においてさえも，書籍という媒体は，まだまだ世の考えを生み出す大きな力になっているように思えます。本を出すことによって，さまざまな人々に認知され，その本が売れれば売れるほど，その著者が講演会やテレビなどのマスメディアなどに呼ばれ，さらに認知が広がって，またさらに本が売れて行く……という循環が起こる。本を出版することによる世の中の認知の広がりは，とても大きいものだと，つくづく思います。

確かにフロイトも，昼間は診療し，夜は論文（あるいは本の原稿）を執筆するという生き方を生涯続けた人であったと言われています。そう考えてみると，「書く人」であったフロイトが生んだ精神分析は，「書くこと（＝論文や本になること）」という行為の中から生まれ，そして臨床実践していくという１つの強力なシステムの中で作動し続けている営為と言えるでしょう。

では，ブリーフセラピーはどうなのでしょうか？

もちろんブリーフを志向している臨床家や研究者の中でも，書くことに長けている人はいらっしゃいますが，私の印象では，ブリーフを志向する方は，書くよりも「話す／語るのが上手な人」の方が多いように思います。

ちなみに「ブリーフ」の発想の源流であると個人的には思っているアドラー心理学の創始者であるアルフレッド・アドラーも，講演の名手だったという逸話が残っています。

「書く／執筆する」という過去の記録あるいは未来への遺産的行為が先行するのではなく，「語る」という今から未来を生きていくライブ感覚を大切にしている方が，ブリーフセラピストには多いように感じるのは，私だけでしょうか？

2015年に亡くなられた森俊夫先生（KIDSカウンセリング・システム）の文章を読みなおしてみても，まるで今まさに森先生が読者に語りかけてくれているように書かれているなとあらためて感じます。

そう，精神分析家が「書く人」であるのに対して，ブリーフセラピストは「語る人」なんだと思います。

これまで起こってきた過去の問題にとらわれず，現在から未来を見据える未来志向のブリーフセラピーを実践しているからこそ，その実践者が書かれる文章は，まさに「今を生き，未来に向けて語っている」ように感じるのかもしれません。その語るように書かれる文章を読むと，執筆されたお一人おひとりの人柄もまた不思議と自然に滲み出てくるように感じます。

さて，寄り道はこれくらいにして，この本についてのお話に戻りましょう。

この本の「はじめに」は，編者のお一人である黒沢幸子先生（現在，目白大学教授）が書かれています。ここを読んだだけでも，この本の面白さ・ユニークさがふんわりと柔らかく伝わってきて，まさに「読者を読む気にさせる前書き」ですね。執筆者一人ひとりの内容に丁寧にコメントを挟んで紹介しながら，不登校・ひきこもりという“膠着した時間”から“新たな時間”

への誘いという黒沢先生独自の考え方が描かれている，「黒沢流のブリーフ精神」が大いに伝わってくる見事な小論になっています。ここを読むだけでも，この本の全体像が手に取るようにわかります！（だからと言って，書店で「まえがき」だけを立ち読みで終わったらダメですよ～！）

もう一人の編者，坂本真佐哉先生（現在，神戸松蔭女子学院大学）は，第１章「困難どころを乗り越える支援のポイント」と補章「ブリーフセラピーとブリーフサイコセラピーのブリーフなお話」の２つを執筆されています。第１章は，不登校・引きこもり支援は何を目標に行うのかということをベースに，ブリーフセラピーと他の心理援助との違いについて，事例を示しながらわかりやすく説明してくれています。はじめて“ブリーフ”という発想に出会う人にとっては，うってつけの小論と言えるでしょう。私もこの部分は，ブリーフセラピー入門などの初級者研修などで，ぜひパクらせていただきます?!

もう１つの補章は，本学会の会員でもはっきりと説明できる人は実は少ない「ブリーフセラピーとブリーフサイコセラピーの違い」を，こちらもとてもわかりやすく解説してくれています。「そんな違いなんて，どうでもいいじゃん！」というブリーフ的センスをお持ちの方（!?）であっても，その違いにこだわる人達にちゃんと説明できるようになるためにも，ぜひ読んでおきたい１章です。

他にも本学会会員なら誰でも知っている豪華な執筆陣！

簡単に執筆陣をご紹介しながら，それぞれの小論における「キーワード」を，私なりに書き綴ってみます。

まず第１部は，前述の坂本先生に加えて，田中ひな子先生（現在，原宿カウンセリングセンター所長）が「クライエントの会話の部屋に招かれた客であるセラピスト」，安江高子先生（現在，関内カウンセリングオフィス）は「コミュニケーションが変わる，支援者にできる会話のコツ」，そして田中究先生（現在，関内カウンセリングオフィス所長）は「エリクソンの自然的志向とバリデーション“これでいいのだ！”」，これらの言葉をキーワードに，各執筆者がブリーフセラピーの発想と技法を，事例を通して紹介してくれます。

そして第２部は，さまざまな臨床現場からの実践報告。喜多徹人先生（現在，神戸セミナー）は「ブリーフセラピーの実践ができる大学受験予備校校長の反省?!」，淺谷豊先生（高等学校教員）は「ブリーフセラピーをかじってしまった高校教員」，田崎みどり先生（長崎純心大学心理教育相談センター主任）は「家族ぐるみ，病院ぐるみのセラピー実践（精神科病院）」，長沼葉月先生（現在，東京都立大学准教授）は「青鬼役としてのスクールソーシャルワーカー（社会福祉の現場）」，西川公平先生（現在，CBT センター所長）は「ブリーフセラピストじゃないと言って，ブリーフセラピーをやっている認知行動療法家 ?!（スクールカウンセリングの現場）」，柴田健先生（現在，秋田大学教授）は「児童相談所らしさを出さない支援」，そして最後は，この本の元になった心理臨床学会の自主シンポジウムで，指定討論の役割をしてくださった安達圭一郎先生（現在，山口大学大学院教授）による「対人関係療法による一事例」を丁寧に描いてくださっています。

どうですか？　このようにただキーワードを並べてみただけでも，執筆陣によるユニークなブリーフセラピーの臨床実践の多様な語り，まさにポリフォニーが聞こえてくるようじゃありませんか !?

ぜひ直接この本を手にとって，各執筆者の「ブリーフ語り」を聴くように読んでみてほしいですね。今，まさに生きている“ブリーフセラピー”を味わえる本として，ブリーフ初心者から超ベテランまで，幅広い層にぜひ読んでいただきたい本です。強く強くおススメします！

第５部
あるクライエントとの「かかわり」

あるクライエントからの「成績表」

この本の最後の部は，あるクライエントについてご紹介するところから始めたいと思います。

田中陽子さん（仮名）。2000年当時，30代前半。女性。会社員。

田中さんは，2000年４月中旬に，当時私が勤務していたカウンセリングセンターに来室されました。

そのセンターでは，カウンセリングを希望される方に最初に「カウンセリング申し込みカード」を書いていただくのですが，そこに田中さんは，以下のように書かれていました。

「３年前，うつ状態の発症。治りましたが，１年前から不眠症。反応性うつ状態では？　とのことで，普通の心療内科にて治療中」

私が初回インテーク担当となり，田中さんからご事情を伺ってみると，それまで溜めていたものが堰を切って溢れ出すかのように，お話しされていたことを思い出します。

一通り田中さんからお話をお聞きした後，私の方から〈このカウンセリングでどのようなことができれば良いでしょうか？〉とお尋ねすると，田中さんは「自分の限界点を意識して動けるようになりたい。自分を後回しにしてしまうクセがある。頑張りすぎるところ，「～しなくちゃいけない」という気持ちが強い。力の抜き加減がよくわからない。もっと楽になれたら良いと思う」などと語られました。

田中さんとは，私がそのままカウンセリング担当となり，週１回のカウンセリング・セッションを実施し，2001年３月末に私の秋田大学への赴任のために終結しました。結果的に45回のセッションを重ねました。

この第５部では，その田中さんとの事例の経過を描くのではなく，45回目の最後のセッションに田中さんからいただいた「2000年度（八巻のセラピストとしての）成績表」をお示ししたいと思います。丁寧に・率直に書いてくださったその成績表をいただいた時には，とても感激したのはもちろんのこと，それだけにとどまらず，私にとっては，そこに書かれた内容が，その後，私がセラピストとしてやっていく「勇気」をいただいたように思いました。

今回この『かかわりの心理臨床』の本を作るにあたって，自分の過去の論文などを整理している中で，この「田中さんからの成績表」を10年ぶりに見ることができて，（実のところ，時々，自分がセラピストとして迷いが起きている時，落ち込んでいた時などに，この成績表を読み直すことがよくありました）。「この成績表を本に掲載することはできないか？」と思い立ち，田中さんに掲載許可をいただくために，約20年ぶりに連絡を取ってみたところ，快く引き受けてくださいました。さらに私の方から「もしよろしければ，現在の心境などを書いていただけませんか？」とダメ元で無理なお願いをしてみたところ，そちらも快く引き受けてくださいました。カウンセリングを終結して20年後の元クライエントのお気持ちをお聞きするのは，とても貴重なことだと思います。あらためて，お忙しい中原稿を書いてくださった田中陽子さんに感謝いたします。

では，この第5部は，田中陽子さんからの「八巻の成績表」，そして田中さんの現在の心境を綴った「カウンセリングの20年後」を掲載させていただきます。

<u>2000年度　成績表</u>

臨床心理士　八巻秀殿

2001年3月16日
評定：田中　陽子（仮名）

【評価規程】

評価は，かなり厳しい絶対評価とし，S，A+，A-，B+，B-，C，Dの7段階に分かれる。総合評価がDの場合は，評定者の要求に応じ，何があろうとも秋田より上京し，カウンセリングを行うことが義務付けられる。

なお，下記枠内評価に対する抗議は可能だが，その際，十分な根拠を持って挑むことが必須条件である。

【まえがき】

この評定は，2000年4月13日～2001年3月に至るまでの，八巻秀氏によるカウンセリングに対して行われるものである。本来ならば，参考のため，他の臨床心理士とのカウンセリング等と比較検討を行うべきであるが,「かなり厳しい絶対評価」と規程に明記してあるため，臨床心理士八巻秀氏個人に対する評定とする。

《2000年度成績表》

	項目	評価	概要
1	信頼度	S	相互の信頼関係の確立に対し，協力と努力を惜しまなかった。
2	安心感	S	笑顔とともに，安定した音域の語りにより，最大の安心感を与えた。
3	空白の対応	B+	突然の話題提供が苦手らしい。白い犬が……などと無理な展開を試みる。
4	お笑い度	B-	西日本出身吉本系の田中の発想と切り返しについては，修行を要する。
5	印象・好感度	A+	初回より，信頼関係に対する期待感を与えた。
6	清潔感	A+	手入れの行き届いた髭はなかなか良ろし。今後も保って頂きたい。
7	集中力	A-	午前中の大学授業後等，時々集中力に欠ける事があった。見逃していないのだよ。
8	説得力	A+	非常にわかりやすく，忍耐強く解説・説明し，納得させた。
9	突発性適応力	B-	田中失神事件時，冷静さを装ったが，看護婦の存在を忘れる程動転していた。
10	問題解決力	C	本題が未完了のため，問答無用。今回のみ恩情評価。優しいわ，私って……。
総合評価			A-

2001年3月16日
評定者　田中　陽子（仮名）

【評定要旨】

臨床心理士八巻秀氏は，2000年4月13日，東京カウンセリングセンターにおいて，評定者である田中陽子の初回面接を行い，その後ほぼ週１回ペースでカウンセリングを開始。後に衝撃の告白を受け，図らずも共に十字架を背負わされることになる。その一方で，田中の超音波的に響き渡る笑い声に耐え抜いた。これは賞賛に値する。

また，本題に縛られることなく，さまざまな話題に触れ，巧みな話術により本心を引き出し，自身が納得し，答えを出せるよう導いた。日常のコミュニケーションにおいて，田中は聴き役となる場合が多い。しかし，さすがにカウンセリングでそれを貫く訳にはいかず，自らの気持ちを言葉にするという本人にとって最も難しく苦しい作業に取り組んだ。しかしながら，八巻氏は，その負担を軽減させ，静かに，穏やかに，田中の感情を言葉にしていく手助けをした。

それにより田中は，八巻氏に対し，確かな信頼感を持つようになる。他人を本心から信頼し難い過去を持つ田中にとっては異例のことである。そして，「あのことがあったからこそ，得られた出会いである」と，八巻氏との出会いに感謝することで，最も消し去りたい過去についても，全て自分の持ち物として，正面から受け容れる覚悟の芽を育むようになる。これらの経緯については，高い評価の対象となる。

ところが，今後に向けて本題に取り組もうと決意した矢先に，八巻氏が，2001 年 4 月 1 日付けで秋田大学にて勤務することが決まり，突然，田中とのカウンセリングを中断する運びとなる。田中は衝撃とともにかなり動揺した。体温計の水銀くんが 41 度を滑らかに通過する高熱を出し，その後も微熱と闘うことになった。これは，明らかなる心の抵抗と判断する。田中に与えた負荷は大きい。また，田中のみならず，他の Client が受けた衝撃等も想像するに容易い。これらの混乱は，八巻氏自身が引き起こしたことを否めず，人の心を預かる臨床心理士という職業上の性質・責務の面からも，残念ながら，相当な減点の対象となる。

しかし，八巻氏の誠意ある対応，散々迷惑をかけたお詫び，これまでの感謝，出会ったことの喜びを考慮し，上記枠内の通り評定する。

評価に対する意義申し立ては，「2001 年 4 月より田中陽子存命中の有効」とし，書面もしくはメールにて受け付けるものとする。いつ何時でも受けて立つ。どうよ。これ。

※本来ならば，生々しい手書きとしたいところだが，評定作業にあたり，慎重な検討・確認作業が要求され，その結果を半永久的に残す必要性があると判断した為，ビル・ゲイツ君ご自慢の Word 97® にて作成した。

【今後の課題】

田中陽子氏の性質からして「気遣いは無用」という一言は，最も苦手なことであり，不可能に近いことでもある。そして，だ。田中が泣いている時，「あ，私はオブジェだと思って下さい」という，その唐突な理論展開は，かなり無理があると思われる。勇気を持って，ここに記す。

田中は，心療内科への通院歴があった上，周囲に心理学を学んだ者，過去にカウンセリングを受けた経験のある者，また，所属するサークルの仲間に現役の医者が存在していたため，カウンセリングについて，臨床心理士とはその場所でしか会わない他人であること，いつか会わなくなり自分で歩いていける日を目標に通い続けること，カウンセラーに導かれたとしても自分で納得した結論を出すこと，依存しすぎないように努力すること，プロならばプロとしての知恵と力があるのでそれを侮らず見極めること，などを前もってアドバイスされていたこともあり，できるだけ，そのことを理解してカウンセリングに挑んだつもりである。だが，通常ならば机を１つ挟んだ物理的距離が，幸い，かつ必要な事であるが，田中の過去からして，実は，常に緊迫した精神状態であったことを，ここで告白しなければならない。

また，八巻氏によるカウンセリングの傍らには，田中にとって生命線とも言える，音楽という柱があったこと，また，主治医である医師Ａ氏の適切な措置および深い配慮があった事も加えておきたい。

本来ならば，田中の睡眠障害および恐怖感を改善するために，八巻氏の手で，引き続きカウンセリングを行うことが望ましい。八巻氏以外によるカウンセリングは，必ずしも不可能ではないが，田中の過去および性質上，困難を強いられる場合も予想される。八巻氏は，この未完了なカウンセリングを，臨床心理士である間は忘れることがあってはならない。

そして，臨床心理士を育てたいという八巻氏の夢に素直に感動・共感し，八巻氏の手で育てられた臨床心理士が，一人でも多く世の中に存在し，活躍して欲しい，と，切に願う田中の気持ちも，勝手ながら覚えていてもらいたい。

八巻氏の今後の課題は，これまでのさまざまな臨床経験を踏まえ，その，結構根に持つ性格を生かし，酔うと説教に走る癖を酷使しつつ，暖かい笑顔で全てを包み去り，師として，しなやかな臨床心理士を，確実に育てていくことである。

そして，可能ならば，再び，我慢してでも田中陽子の歌を聴いて頂けると，光栄である。

心からの感謝を込めて。

補　　遺

（お手紙とも言う。しかも「ですます調」だし，なんだかすごく長いし……）

八巻　秀先生へ

ご存知の通り，私は，歌うことが一番好きです。でも，歌うということは，自分の心を剝き出しにすることと同じです。歌には全てが出ます。自らの人生経験を生かして歌うことにより，人の心に訴えかけ，何かを届けることができるのです。

あの事があった23歳から，アルバイトとして学生時代から勤務していた職場に復帰する24歳の間の記憶が，悲しいくらいありません。ほとんどの「感情」を失っていたからです。だから，どうやっても歌えませんでした。渋る両親をなんとか説得し，再上京して就職したはいいけれど，やっぱり歌うことが好きで諦めきれず，いつ戻ろうかと悩み続け，あれこれ試みましたし，いろいろありました。でも，ピアニストとの再会と，所属している合唱団の常任指揮者から，歌の道に戻るように説得されたことと，その先生から頂いたヴォイストレーナーの話がきっかけとなり，長年勤めた会社を退職し，歌の道に戻りました。

なぜ，何年も歌の道に戻る事を迷っていたのか。本格的に歌を再開することで，必ず，押し込んできたあの事と向き合わなければならない時が来るだろうなとわかっていたからです。アマチュア合唱団の一員として歌うことと，声楽家を志す立場で歌うのとは意味合いが違ってきます。声楽家を目指す者は，自分の声の可能性を探しつつ，個性を生かし切れる歌を探し出して歌うことが必要になります。指導者を目指すのならばなおさらです。

歌うといろんな歌詞が出てきます。愛憎，殺意，子供，恐怖，幸福，失意，絶望，夢。それらを歌い，表現する時に，声に自分の歳月と心が乗るので，いつか耐えきれなくなる時が来るだろうなと思っていました。それでも歌いたくて歌いたくて，考え抜いて，某カウンセリングセンターに駆け込みました。そして，出会ったのが，八巻先生でした。

初対面なのに，「あ，大丈夫」と思ったのが，“直感”です。妙な安心感がありました。担当して頂く先生を他の先生に，という気にはなれませんでした。多くの人に話せない事柄であるという個人的事情があろうと。先生のお人柄と，私の直感を信じました。

自分を理解してもらえないと訴え，嘆く人がいます。私は，自分を理解して欲しいのなら，まず相手・他人，そして自分を知り，理解することが大切だと思っています。「その人」が，「自分」が，何を考えているのか。何を理解してもらいたいと思っているのか。それをわかろうとし，言葉として聴くことが大事。察してもらえる可能性は，意外に低い。言葉で伝えても伝わらない人がいるのですから。受け止めることさえ拒否する人もいます。ただ，事実を改めて思い出さなければならなかった私は，感情を言葉にすること自体が，とても怖かったです。

カウンセリングを受けている間に，腰痛や動悸など，さまざまな症状が出てきました。カウンセリングを受けてから具合が悪くなっていませんか？　と，八巻先生は私に仰いました。当然のことです。10年という時間は重たかったし，苦しすぎました。この気持ち・状態をなんとかしたい，という想いはあれど，そこに費やすエネルギーは相当なものがあり，なるべくしてなった体調不良だと思っています。ある程度の予想もしていました。

ただ，歌いたい気持ち，歌う人を一人でも多く増やす後押しがしたいという気持ちには，一切変化はなかったので，恐れず，怯えず，怯まず，カウンセリングを続けることを決めました。八巻先生が担当して下さっている間に，頑張ろうと思いました。

八巻先生とのカウンセリングで，私なりに得たものは，過去も，現在も，将来も，全て私のものであり，「事実」とは消えない私の持ち物だということです。真実は如何様にもなるけれど，事実は一つ。それをちゃんと持っていくこと，時には降ろしてもいいのだということ。そして，感情を言葉にして伝えるということの難しさと大切さ。私は自分の気持ちを伝えるのが怖かった。言葉は凶器だと思ったことがあったので，当たり障りのない表現しかできませんでした。以前，主治医のA先生とも話したことがあるのですが，人間って，用意していないときに出た言葉こそ，本音だったりしますよね。故意に傷つける言葉を選ぶ人もいますけれど。とにかく，言葉が怖かった。

でも，少なくとも八巻先生の前では，ちゃんと自分の心の中を言葉にして，自分の耳と心でそれを聴きたいと思うようになりました。

今は，自分の感情を言葉にすることを大切にしていきたいなと思っています。

八巻先生が「尊敬していますって，どうやったら言えますか？」って，私に聴かれたことがありました。照れがあっても，伝えないと伝わらないし，伝えたいから私は伝えます。実は伝える必要がなかったり，尊敬という言葉に少しでも陰りがあれば言えないかもしれません。尊敬という気持ちに偽りがなければ，伝えたいなと，私は思っています。だから，八巻先生のことを尊敬しています，と言った訳です。

先生の何に対して尊敬していると申し上げたのか，書きましょか？　行くぞ。言うぞ。

八巻先生は，人の心と接するプロだと感じたからです。残念ながら，どこの世界でも，自称プロはたくさんいます。本当のプロであり続ける努力をするのはその人自身ですが，人が感じ取ることとは別なので，「プロ」という認識を合致させるのは，とても難しいと思っています。プロであろうと《人》なのだから，迷ったり，喜んだり，困惑もします。でも，それを認めない人もいます。プロは，迷うべきではない，と言い切る人もいます。迷いのないプロって，存在するんでしょうか。

最低限の適性はあるかもしれないけれど，迷いのないプロがいるとするなら，それは，自己満足的な「思いこみ」が強く，それを他人に強いている，もしくは，迷いを見抜かれないよう，虚勢を保っているだけなのではないかと思ったりしています。その道を歩むことよりも，志半ばにして，「プロとはなんぞや」論が先に走ってしまい，そこから抜け出せないのではと。または，あるところまで到達し，追われる怖さを受け入れられないのではないかと。そうなると到底，人間を敬い，対等に接することなどできません。まして，何かを教えようなどという恐ろしいことは，して欲しくないです。

迷ったり，とまどったりしようとも，それらさえも包み込むしなやかさを兼ね備え，確かな知識と経験に裏付けられた技を持ち，人と自分と適切な距離で取り組みつつ正面から向き合い，それらを維持し，あらゆる角度から学び続け，悩み続けるのがプロの宿命だと思っています。その苦しさを持ち続けることが，プロであり続ける重要な条件の一つではないかとも思います。ある種，職人気質の伴うプロには「これで良し，これで終わり」は，あり得ないのです。「君はプロなのか？」と自らに問い続け，「結果」に厳しい目と心を向け，己の適性を疑問視し続けることを忘れてはならないと思っています。そして，迷いがあるプロだからこそ，何事に対しても，柔軟なのではないかとも思っています。私の場合，自らと向き合わずして，お客様である他人と，音楽と正面から向き合うことは不可能です。

私が自分の演奏に対して，常に合格点をつけるようになったら，すごく嫌な歌を歌っているんだろうなぁ……お客様に失礼だ。想像しただけでも怖いです。

独特の師弟関係の中で生きている私にとって，師というのは，とても難しい存在で，やっかいです。トラブルが発生する師には共通点があります。たいてい，ご本人が「私にはこれだけの実績がある。だから私の言う通りにすれば間違いない」と思っておられ，生徒の自主性に触れることなく，いかなる事柄も見事に責任転嫁し，正当化するのが大変巧く，幸せな方達が多いです。時には，その人の可能性さえ，つぶしてしまう方もおられます。

教えるときに，師としての自信と自覚は大事です。でも，生徒は，師のキャリアと歳月には，どう頑張っても届かないのです。先生のフィールドで話をされても，理解できるはずもなく，戸惑いが大きくなるだけです。

外国人の先生に師事した１年間は，ひたすら自分の音楽に集中できました。師との関係に悩んだことは一度もありませんでした。初めて「音大で歌を勉強している」とも思いました。先生は，生徒である私の目線で，私のフィールドに立って話をして下さったのです。「陽子は，どう歌いたいの？　この歌詞に何を感じるの？」と，徹底して議論しました。英和・和英辞典を持ち込み，お互いに単語を指さしながら必死で会話をしました。常に対等な一対一だったのです。私を音楽家として扱って下さいました。それは未熟な私にとっては非常に重たいことでしたけれど，同時にとても嬉しいことでもありました。責任を持った音楽表現が，自分の意志でできたからです。パートナーであるピアニストとともに。

その先生が最後のレッスンで仰ったのは「自分がやりたいことならば，自分で調べる。これが全ての基本。自分の感性に自信を持ちなさい。これは，陽子に一番不足しているもので，最も大きな課題。そして自分から発するものには責任を持つ。これが社会への第一歩。プロとは，他人に誇示する名称ではなく，自覚を持つこと。だから逃げずに自分の心とよく相談しなさい。そして，引き際は自分で見極めなさい。人生は常に現役だけれど，歌については必ず引き際が来る。その日が遠くなるように自分の感性を信じて頑張りなさい」ということでした。師，歌，いろんな意味で，とても勉強になった１年間でした。

八巻先生は常に，一対一で私と向き合って下さいました。お仕事とは言え，人として，正面から向き合って下さったと思っています。私は，自慢なんです。八巻先生というカウンセラーと出会えたことが。嬉しくて仕方がない。だからこそ，今，寂しくて仕方がない。机一つ挟んだ距離だったのに，４月からもっと遠くなります。ほぼ毎週，お会いしてお話するのが当たり前になっていたことが，当たり前でなくなる。この突然の不安と衝撃は，あまりにも大きいです。でも，いつかはこういう日が来たはずですから。その日を目標に，八巻先生の力をお借りしながら頑張っていたのですから。その日がちょっと早く来ただけ。突然だったからびっくりしただけです。見届けて頂きたかったなとは思いますが。

臨床心理士というお仕事は，その人の人生に何かの変化を与えます。人の心を預かり，その人生に関わるというのは，とても大変なことです。八巻先生は，私の人生において，一方的ながら「大切な出会い」と思える方です。どうしてあのことが話せたのか，私にも不思議に思えてならない時があります。50分の面接の中で精一杯，一緒に考えて下さったことは，私にはとても心強かったです。なぜ話せたのか。こう答えるしかありません。

「なぜかはわからないけれど，八巻先生だったから話せたこと。直感です」

八巻先生に出会えて良かったです。八巻先生に担当して頂いて良かったです。

仕方がない。この幸せを多くの人に味わってもらうために，秋田大学に譲ってあげよう！　なんて心の広い私なのっ。感謝しろよ，秋田大学。と，大きく出てみる……。

八巻先生が，自信を持って世の中に送り出せる臨床心理士を生み出す時を楽しみにしています。伝統のある大きな組織の中で夢を叶えるのは，何かと難しい事も伴うと思いますが，私は，ずっと応援しています。すごく寂しいから，応援し続けます。

私も，歌うことが好きな人を一人でも多く増やしたいので，頑張ります。

音楽という大きな山を登り，頂点を極め，さらにその頂点を吊り上げていく人はたくさんいます。でも裾野が狭ければ，頂点を支えきれなくなり，倒れやすくなります。私は，裾野を広げる役割を担いたいのです。主役ばかりが良くても，脇を固める歌い手がどうしようもなければ，全て無意味になります。広く厚く強い底を作りたい。孤軍奮闘は総合芸術ではあってはならないことだから。結果のみが評価される瞬間芸術の世界だからこそ，の厳しさはあります。でも，根底に「歌うことが好き」という気持ちがあれば，何度歌の道から離れようとも，再び戻ってくる可能性が高い。私は，その橋渡しがしたいのです。

一人ずつでも，確実に歌うことが好きな人を増やしていきたいです。そして，私に歌える歌を探して，ピアニストとともに１曲１曲を大切にして，悩みつつ，楽しみつつ，自分と，音楽と，正面から向き合って歌いたいと思います。

八巻先生。約１年間，ほんとうにありがとうございました。八巻先生と出会えて，本当に嬉しい。たまたまだったけれど，初回面接が八巻先生で本当に良かったです。カウンセリングセンターにも感謝しています。

この文章の最後に明記しておきましょう。

八巻先生が,本物の臨床心理士を送り出せなかったら,私は本気で怒る。資格を取らせることはできるでしょうけれど，この人ならば何があろうと臨床の場でやっていけると，八巻先生が自信をもって言える臨床心理士を，一人でもいい，必ず，育てて下さい。もしそれができなかった場合，私が皺くちゃなおばあさんになっていても，この未完了なカウンセリングを再開しなければなりません。これは強制執行されますので，ご注意下さい。あらゆるメディアを巻き込んで，八巻先生を見つけ出しますから。ええ。覚悟なされぃ。

臨床心理士　八巻秀先生との時間は，宝物です。ありがとうございました。

ますますのご活躍を，心からお祈りしております。

【さらに，補遺補遺ということで……】

長いけれど，これも自らが巻いた種ですっ。我慢して読んで下さい。

八巻先生。カウンセリングセンターに勤め続けておられたら,カウンセリング終了と同時に,二度と連絡を取ることもなかったかもしれませんね。Clientのためにも，そういうけじめというか，線引きを持っておられるのではと思います。センターを退職され，秋田へ行くからこそ，これから，を残して頂けたのではないかと思ったりしています。とても嬉しかったです。

４月から，友達でいて下さい。指切り，しましたからね。約束。

私は，カウンセリングの中で，臨床心理士八巻秀先生を信頼するようになりました。

そして，臨床心理士という資格を持つ，八巻秀氏個人を信頼するようになりました。

４月からは，八巻秀さんという人と，友達になります。その人は，たまたま臨床心理士という資格を持っているらしい，ということになります。「先生」とは呼びません。呼べと言われても呼ぶもんか。秋田大学へ遊びに行ったら，嫌と言うほど,「八巻助教授！」と連呼するので，そのつもりで。あ，私の声は，決して大きい訳ではなく,「通る声」なので，制止しても無理です。

届いてしまうので。鍛え方が違うからのぅ……諦めたまえ。

１年間，苦しかったし，楽しかった。それが素直な感想です。

この成績表を作りながら，何とも言いようのない，寂しさを感じています。ほんとに，先生じゃなくなっちゃうんだなぁ〜，秋田に行っちゃうんだぁって。でも，二度と会えない訳じゃないし，湯治と称して温泉へ行き，湯船に浸かってほけーっとして，いそいそと，秋田に立ち寄って先生にお会いして帰る，というのも時にはいいではないですか。寂しければ，楽しみを増やす。ほんとに行きますから。おいしいお店を見つけておいて下さい。宿題です。

私は，先生から，臨床心理士としての夢を聴くことができて嬉しかったです。とても。先生と，たくさん，楽しくて，苦しいお話ができて良かったです。

これから，の楽しみを残して下さった優しさに，本当に感謝しています。

臨床心理士と音楽家の共通点は，人の心に触れることです。先生は，人の人生に関わる術を持っておられる。私は，人の心に何かを届けられる歌が歌えるようになりたいです。

４月から，友達として，たくさんたくさん，いろんなお話ができるのを楽しみにしています。必ず，飲みに行きましょう。たぶん，八巻先生の「酔うと説教に走る癖」に耐えられるのは，私くらいだと思う。だってぇ，私の得意分野なんだもん。仕方がないなぁ……これも巡り合わせってやつでしょうかねぇ〜。しみじみ……。

友達になったら，こんな丁寧な話し方はしませんから。これからも，よろしく，です。

最後に一言。「先生のばかぁ！　突然行っちゃうなんて，ひどいやひどいや……」。これが本音。表紙，内表紙含め 10 枚で済んだことに感謝してね。何枚でも書けるし。であー。

カウンセリングの20年後

田中陽子（仮称）

死にたいのに死ぬ気力がなくなるほど全ての気力が消えてしまい，お布団の繊維になって消えてしまいたいと思うほど，あんなに苦しんだのに，と自分でも思うのですが，「鬱になった」ことは，私には必要な経験だったように思います。むしろ「鬱になって良かった」とさえ思っています。

カウンセリングへ行こうと思ったのは，鬱状態と診断され，休職をして長く寝たきりで過ごし，約２年間にわたる投薬治療がなんとか終わる段階になったものの，どうにも心がまとまらず，再発を防ぐためにも臨床心理士という心のプロに任せるしかないと思ったことが発端です。休職中にたくさんの洋画を観ていて，カウンセリングを受けている場面が多く，もしかしたら，カウンセリングを受けたら，映画のように，私とは違った考え方を提示してもらえるかもしれないという期待を抱き，カウンセリングをしていただけるところを探しました。

私は，頭で理解することができても，心が納得するまでの時差が大きいため，ものすごく不自由に感じて，一人で苦しんでいました。

私は，比較的正義感が強い性質を持ち，加えて「べきである」「ねばならない」という考え方が多く，本心では，そこに合わないものを受け入れることがなかなかできないのに，納得したふりをして「仕方がない」と言い訳をしていることが多かったように思います。

子供の頃から相談されることが多く，それが嫌だったということは一切無いのですが，相談される側の気持ちが分かるので，私から人に相談することはありませんでした。自分のことなのだから，自分で考え，自分で結論を出さなければと，と思って生きていました。

鬱状態になったのは物理的に働きすぎたことが引き金でしたが，無理矢理心に蓋をして納得したと思い込んでいたことが，一気に噴き出したこともあるのではないかと，今はそう思います。

八巻先生とお会いした初日,「カウンセリングを受けることでどうなりたいですか？」と聞かれました。多分すぐには答えが出なかったと思うのですが，心の底から思っていたのは，楽になりたい，そして，二度と鬱になりたくないということでした。

柔和なお顔に髭を蓄えた八巻先生は，私の気持ちを哲学的に論じて何かの方向付けをすることもなく，至って穏やかに私が話すことをただただ聞いてくださいました。ボソッと「そうですか。そういう状況では，こういうふうに感じるんですね」と確認が度々あったことを記憶しています。そのうち,私は，八巻先生を通して自分と会話しているような感覚になっていました。

私の心に強引に入り込まず，距離を持ちながら，寄り添ってくださっていたように思います。私が泣いた時,「あ，私はオブジェだと思って気にしないでください」とおっしゃったのですが,「いや，そもそもオブジェは喋らんし……」と，クスッと笑えるほど心が緩んだ瞬間があり，私にはそれがとても心地良く，信頼に繋がっていきました。

カウンセリングを受ける中，気持ちを具体的な言葉にすることで，奥底にある自分の気持ちを確認し，過去にしていくという地道な作業ができているような感覚になっていました。その頃から，自分の気持ちをブログに書き留めるという作業を行うようになりました。お蔵入りになった記事が幾つもありましたが，文字にして書き出したことで，一つずつ過去にしていくことができたように思います。

カウンセリング中,楽しかったことがあります。雑談,です。なんでもない話をすることが，とても楽しかったのです。でも，それこそがカウンセリングだったのではないかと，今になって思います。現在講師職に就く私は，雑談をとても大事にしています。雑談をする中で，いろんな情報をキャッチして，本音・本質を感じることがあるからです。これはきっと，無意識のうちに八巻先生から教わったことなのだと思います。

一方で，自分の心に蓋をしてきたものと向き合うことは，途方に暮れるほど辛かったのですが，どうなっても臨床心理士というプロがそこに居てくださるという心強さは，何よりもありがたく思っていました。ただ，それだけに，いずれカウンセリングが終わる怖さを強く感じていました。普段から人に相談することが桁外れに苦手な私には，本当にただただ不安，というより，恐怖に感じていました。

「いつか，大きな支えが無くなる」

クライエントとして通うことがなくなることが最良の結末，と言い聞かせつつ，心のどこかでカウンセリングを終了する覚悟を少しずつしていこうと思っていました。

そんな時に，予想に反して突然決まった八巻先生の転勤事件。それはもう立派に「事件」でした。とてもショックを受け，動揺するには十分な告知でした。私にとっては不本意な形でカウンセリングを終了せざるを得ず，今思えば顔から火が出るほど恥ずかしい「成績表」なるものをお渡しした次第です。それは，自分自身が納得したかったということも含まれています。心の内を何の抵抗もなく話せる人は，きっともう現れないだろうなと思いながら成績表を作りました。「カウンセリングは終わるんだよ」と，心の準備を始めたのでした。なかなか心が納得しない性質を持つ私に，相当な悲壮感が漂ったことは否めません。最後までちゃんと見届けて頂きたかったという気持ちを「成績表」という形にした，ある種の「攻撃」を受けた八巻先生には，ちょこっとだけ申し訳なく思っています。ちょこっとだけです。でも，その強制終了がなければ，もしかしたら私は，カウンセリングに区切りをつけることができなかったかもしれないとも思うのです。

その後の私は，八巻先生の存在をお守りのようにして，一人で頑張ろうと思うようになりました。実は，今でもそう思っています。もしかしたら，心理学的には，日々の私の生活における精神状態が綱渡りの時もあるのかもしれませんが，さまざまな経験をさせて頂いたり，人との出会いもたくさん頂き，年齢とともに図太くもなったので，八巻先生に私自身のことで「助けて」ということもなく過ごせています。もしもの時は，八巻先生が居てくださるという思いは今でも確実に大きな支えとなり，勇気になっています。

あれから 20 年以上が経過し，鬱を経験したことで，人の痛みや生きづらさが分かるようになり，多様性を受け入れられるようになったからなのか，鬱状態を再発することなく，毎日「幸せだなぁ」と噛み締めながら仕事に没頭しています。

さて，冒頭の「鬱になってよかった」という気持ちになった理由についてお話しします。

私は，今とても幸せな毎日を過ごしています。困難はあって当たり前。毎日楽しいと思い，毎日何かに嬉しいと思い，生きていて良かったと思うのです。あの時，カウンセリングを受けなかったら，私はこの世に生きることを諦めていたかもしれません。おそらく，それは鬱にならなかったら気付けなかったことです。コロナ禍を生き，改めてそれを思います。当たり前がどんなに素晴らしいことかを。

私は今「先生」と呼ばれる仕事をしています。その仕事の中で，「待つこと」がどんなに大切なことかを，カウンセリングを通して知ることができたと感じています。

周囲からの反対を押し切り，やりたいことを貫いて今の仕事に就いたので，元来とても我が強く，他人の都合に合わせることがとても苦痛でした。その割に，人が感じている心の動きに気付いてしまい，どんな場所に出かけても，いつもとても疲れていました。

鬱を経験した私は，たくさんの助けを頂き，生き続けることができています。八巻先生との出会いにより，一人でなんとかしようとして勝手に苦しんでいたことが緩和されたのですが，カウンセリング中，私の気持ちの揺れが落ち着くのを常に待ち続けて頂いたこと，今でも深く感謝しています。私は安心して存分に揺れ，自分と向き合うことができました。

「待つ」というのは，覚悟が要ります。絶対に自分から手放さない，自分から裏切らないと決めて向き合い，とことん待つ覚悟です。八巻先生にしていただいたことの，何十分の一もできないと思うのですが，私にして頂いた「待つ」ということを，生徒さん達に返していこうと思っています。

コロナ禍になり，私が働く業界も大きな打撃を受けました。あらゆる約束事がキャンセルされ，スケジュールが真っ白になり，長期化する戦いに，流石に心が折れそうになりました。

不安や困難が一度に押し寄せ，一人になった時，何度頭を抱えてため息をついたか分かりません。同じような気持ちになった方や，私よりもっともっと苦しい思いをされている方はたくさんおられる。私一人が苦しいわけではない，と言い聞かせていました。それでも辛かったです。たった一人でもがいているような気がする時もありましたが，どんなに苦しくても，命の恩人である八巻先生の許可なく，この世から去るわけにはいきません。困難な事が起きた時，必ず八巻先生の言葉が浮かびます。今でも，この言葉を唱えています。

「去らない嵐はありません。いつか去ります」

何年かかるかわからないけれど，きっといつか終わる。それまで耐えようと思いました。どん底でも，絶対に諦めないと覚悟を決め，どんな状況でもできる事があると信じて，たくさんの事に取り組みました。幸か不幸か私は負けず嫌いなので，弱っている姿を誰にも見せたくなくて，無理をしてでも笑顔でいるうちに，なんだか楽しくなってきて，いつもより忙しく過ごしていました。困難な状況なのに，私，笑っている！　仕事をしている！　まだできることがあるんだと気付きました。生徒さんたちから「先生って，いつも笑ってて元気ですよねー！」と言われます。

私も人並みに傷付いたり，苦しんだりします。心が弱り，鬱に傾きそうになることがあります。そんな時は，私だけが知る心の逃げ場所に避難しています。避難先でほわんと思い出すのは八巻先生です。心が壊れたら連絡しよう，絶対助けてくれる……そう思うと，深呼吸ができます。

そうして20年以上が経過しています。残念ながら，誰にも心の奥底にある本音はなかなか言えませんが，我ながら，結構頑張れていると思っています。

コロナ禍でいろんなことを諦めなければならなかった学生達には，かわいそう，と言わないようにしています。どんな時でもワクワクしながら，できることを探そうねと話しています。どうしても自分の命を投げ出したくなったら，一度だけ口角を上げて一日待ってねと。それでもダメだったら私に連絡をしてください，私があなたの人生を見届けます，と伝えています。それくらいの覚悟を持って関わっています。

あの時，死ななくて良かったと，心から，心から思っています。

例え死にたくなるほどの辛いことがあっても，生きているからこそ，なのだと思います。

あの頃の自分に教えてあげたいです。

「大丈夫。あなたは20年後，毎日笑っているよ。ものすごく幸せに生きているよ」

そうなんです。私，「今が一番幸せです」と，毎年上書きしています。

八巻先生に助けていただいた命，生き切りたいと思います。ありがとうございます。これからも，心のお守りを持ち続けます。

なので，私から「助けてください」と連絡が入ったときは，覚悟してくださいね。強制終了後の再起動，お任せしたいと思います。

あとがき

ここまでお読みいただき，ありがとうございます。『「かかわり」の心理臨床』いかがだったでしょうか。

この本を刊行するにあたって，自分が過去に書いた論文や書評，エッセイをあらためて読み直すという作業を行ってきました。その作業は，まるで「過去の自分と対話」しながら，自分が心理臨床家としての考えが，どのように変わってきたのかを辿るように確認することができた，なかなか楽しい時間でした。それは，また，これから自分が心理臨床家として，どのように進んでいったら良いのかのヒントをもらえたようにも思いました。

さまざまな論文・書評・エッセイなどを整理する作業をしながら，自分がずっと大切にとっておいたいくつかの「宝物」にも再び出会えたことも嬉しいことでした。

その１つは，2006 年１月 11 日に私の元に届いた一枚のハガキです。達筆の字で書かれたそのハガキには，以下のような文章が書かれています。

> 本日「催眠学研究」到来，その中の貴稿「『関係性』という視点から見た催眠臨床」拝読（注：本書第２部第２章に掲載）。最近久々に素晴らしい提案にめぐり会いました。…（中略）…トランスという場面はまさにクライエントのためのものではなく，セラピストとの協同作業の場での現象なのに，なぜそれをうまく表現できなかったのかといえば，やはり相手の多くの現象に囚われすぎていたからに他なりません。お互い２人で作り出す作業システムと見れば，これは催眠だけでなく，動作法でもまさにその通りです。…（中略）…今後の学兄のアイディアが独自のものとして展開されることを期待しています。私もこの線で考えてみます。

これは当時，吉備国際大学にいらした九州大学名誉教授の成瀬悟策先生からのおハガキでした。催眠研究の第一人者であった成瀬先生からこのようなハガキをいただき，とても感激するとともに，自分の臨床研究の方向性への「勇気」をいただいたように思えたのを，今でもはっきりと覚えています。

このようなハガキ１つであっても，成瀬先生との「かかわり」は，今の自分の臨床実践や実践研究を続けていく「力」になっていることを，今この時点であらためて実感することができました。

成瀬先生は 2018 年に亡くなられましたが，今でもこのハガキを読むたびに，先生からエールをいただいているように思います。この場を借りて天国にいらっしゃる先生に感謝の気持ちをお伝えしたいと思います。成瀬先生，ありがとうございました。

もう１つの「宝物」との再会は，第５部でご紹介させていただいた元クライエントの田中陽子さん（仮名）からいただいた「成績表」です。
今回，論文等を整理している中で見つけ，約 10 年ぶりにあらためて読むことができました。そして，今回この本に掲載させていただくために，何とか田中さんの連絡先を見つけ，連絡を取ることができ，田中さんからは快く掲載の許可をいただくことができました。さらに，「カウンセリングの 20 年後」という原稿まで書いていただいて，「成績表」とともにこの本に掲載することができました。

まさかカウンセリングを終えた 20 年後にその時を振り返っていただいた文章を読ませていただくことになるとは，思ってもみなかったことです。今回新たに書いていただいた田中さんの文章を読ませていただき，あらためてカウンセリング実践の中でのクライエントとセラピストとの出会いの尊さ，そしてその関係性の中から生まれてくる未来に生きる力・勇気を生み出す力が，カウンセリングという作業・行為の中にあることを強く再認識させていただきました。

あらためて田中さん，本当にありがとうございました。今回いただいた田中さんの言葉をしっかり心に秘めて，日々お会いするクライエントの方にとって，少しでもお役に立つこと，より幸福に向かえる力になること，ともに作っていくことができるよう，日々精進していきたいと思います。

あらためてこの本の中心テーマになった「かかわり」ということについて考えてみると，大きく２つの方向性があると思うように成りました。それは「垂直的な（タテの）かかわり」と「水平的な（ヨコの）かかわり」です。

「垂直的なかかわり」とは，例えて言えば，「師弟関係」などがあげられるでしょう。片方の人からもう片方の人に影響を与えるような関係です。ある人が他の人に何かを伝授するときには，この「垂直的なかかわり」が，効率的かつ即効性があるのではないでしょうか。自衛隊や警察などの組織も「垂直的なかかわり」を中心に据えるからこそ，災害支援や緊急支援が可能なのだと思います。

一方の「水平的なかかわり」は,例えるならば「仲間関係」でしょうか。ともに対等な，協力し合うような関係。一緒に何か目標を持って取り組むような人と人との関係です。「水平的なかかわり」は，大きな組織より，サークル活動やボランティア活動など小さな「ローカルな」組織に見られるかもしれません。

これら「垂直的」「水平的」２つの「かかわり」のどちらが良い･悪いということではなく，その時々の状況，あるいは相手との関係性によって，使い分けていくことが大切だと，今は考えるようになりました。これもこの本を作成する作業の過程で，再認識したことの１つです。

本書の出版は，長年の友人でもある遠見書房社長の山内俊介氏の存在がなければ不可能でした。山内氏と酒を酌み交わしながら「自分の論文集を出したいな～」という酒の勢いで言ったわがままを，そのまま受け入れてくださり，出版に導いてくださったことに感謝の気持ちでいっぱいです。

また，この本は同じ遠見書房の塩澤明子氏によるていねいな編集作業によりできあがったと言っても過言ではありません。この場を借りて塩澤氏に心から感謝いたします。

実は，この本を作成するプロセスで，山内氏からの提案で，私の心理臨床活動のもう１つの柱である「アドラー心理学」関する論文等は，この本にはあえて掲載しておりません。山内氏曰く「この本が売れたら，アドラーの本も出しましょう！」とのこと。私としては，もう１冊「アドラー心理臨床（編）」も作りたい希望があることを，この場をお借りして意思表示をさせていただきます（笑）。

最後に，この本の表紙は，加藤知子さん（知企画）と美大生の長女との共同制作によるものです。この場を借りてお二人に感謝の気持ちをお伝えします。素敵な表紙をありがとう！

何はともあれ，この本に書かれていることが，皆様の日々の活動・実践に，少しでもお役に立つことがあれば，私にとってこの上ない喜びです。そうなってくれることを祈りながら，最後にアドラーの言葉をご紹介して，あとがきを閉じさせていただきます。

> たった１人でも，私のメッセージを理解して，それらを他の人に伝えてくれれば，私は満足だ。

2023 年 3 月　東京都国分寺市のオフィスの窓から早春の空を眺めながら

八巻　秀

索　引

な行

は行

ま行

ら行

わ行

初出一覧

第1部　セラピストとしての「かかわり」

◆第１章　心理療法においてセラピストが「主体的になること」　初出：秋田大学臨床心理相談研究，2，1-10，2002年.

◆第２章　スクールカウンセリングにおける「軽度発達障害という状況」への取り組み方　初出：ブリーフサイコセラピー研究，17（1），56-59，2008年.

◆第３章　スクールカウンセラーとして学校臨床現場のニーズを汲み取り，引き出し，応える心理臨床とは？　初出：現実に介入しつつ心に関わる［展開編］――多面的アプローチの実際（田嶌誠一 編）．金剛出版，206-213，2016年.

◆第４章　「ほんとの対話」田嶌誠一著『その場で関わる心理臨床――多面的体験支援アプローチ』　初出：こころの科学，188，111，2016年.

第2部　臨床催眠における「かかわり」

◆第１章　イメージ療法におけるイメージの間主体性　初出：催眠学研究，44（1），19-26，1999年.

◆第２章　「関係性」という視点から見た催眠臨床――トランス空間とオートポイエーシス　初出：催眠学研究，49（2），84-91，2006年.

◆第３章　「オートポイエーシス」って何？――ある大学教員と大学院生との会話から　初出：駒澤大学心理臨床研究，9，8-15，2010年.

◆第４章　トランス空間を作り，その中で主体的に振る舞う――私が心理臨床をしていく上で大切にしている８つのこと　初出：催眠トランス空間と心理療法――セラピストの職人技を学ぶ（松木繁編著）．遠見書房，169-180．2017年.

第3部　心理臨床仲間との「かかわり」

◆第１章　ブリーフセラピーが心理臨床家の養成に貢献できることは何か――スクールカウンセリングの現場から　初出：ブリーフサイコセラピー研究，16（1），30-35，2007年.

◆第２章　臨床家のためのこの１冊（５７）和田のりあき『がんに負けない心理学』初出：臨床心理学，10（5），金剛出版，793-796，2010年.

◆第３章　ある本を完成するに至るまでの物語　初出：ナラティヴ，あるいはコラボレイティヴな臨床実践をめざすセラピストのために．遠見書房，226-236，2011年.
ナラティヴ・セラピスト 高橋規子の遺したもの　初出：第2回 ナラティヴ・コロキウム――対人援助におけるナラティヴ――大会関連資料．25-26，2014年.

◆第４章　高橋規子先生を偲んで　初出：ブリーフサイコセラピー研究，20（2），111-115，2011年.

第4部　家族療法・ブリーフセラピーでの「かかわり」

◆第１章　夫婦と治療者の「間（あいだ）」の創出と活用　初出：家族療法研究，21（3），238-248，2004年.

◆第２章　システム論で学校を見るということ　初出：子どもの心と学校臨床，5，遠見書房，20-28，2011年.

◆第３章　「円環的思考」について――「問い」から「想像」へ，そして「仮説」へ　初出：駒澤大学心理臨床学研究，13，31-33，2014年.

◆第４章《書評》不登校・ひきこもりに効くブリーフセラピー　初出：ブリーフサイコセラピー研究，26（2），72-73，2018年.

※掲載にあたり初出時より大幅に書き直しています。

著者略歴

八巻　秀（やまき　しゅう）

1963年岩手県生まれ。公認心理師。臨床心理士。駒澤大学文学部心理学科教授。SYプラクティス代表。やまき心理臨床オフィス・スーパーバイザー。岩手県総合教育センター・スーパーバイザー。東京理科大学理学部応用数学科を卒業し，中高一貫校の数学教師となるが，その後，臨床心理学の実践研究に転じ，駒澤大学大学院心理学専攻を修了。精神科・心療内科・カウンセリングセンターなどで臨床経験を積み，秋田大学教育文化学部勤務を経て，現職。現在，駒澤大学で公認心理師・臨床心理士の養成を行うとともに，SYプラクティスでの臨床活動を行いつつ，心理職や家裁調査官，学校教員などへの専門家への研修，あるいは一般の方々への講演会などの活動も積極的に行なっている。

臨床活動や臨床教育では，関係性や対話的なアプローチである「かかわり」を重視している。そのモットーは「主体的に・楽観的に・その場で生まれてくることを大切に」。

専門は，臨床心理学（アドラー心理学・家族療法・ブリーフセラピー・催眠療法・オープンダイアローグなど）。

主な著書

『臨床力アップのコツ―ブリーフセラピーの発想』（共著，遠見書房，2022）。『臨床アドラー心理学のすすめ』（共著，遠見書房，2017）。『アドラー臨床心理学入門』（共著，アルテ，2015）。『定年後の人生を変えるアドラー心理学』（監修，講談社，2018）。『スッキリわかる！　アドラー心理学』（監修，ナツメ社，2015）。『ナラティヴ，あるいはコラボレイティヴな臨床実践をめざすセラピストのために』（共著，遠見書房，2011）など多数。

「かかわり」の心理臨床（しんりりんしょう）

――催眠臨床・家族療法・ブリーフセラピーにおける関係性

2023年6月15日　第1刷

著　者　八巻（やまき）　秀（しゅう）

発行人　山内俊介

発行所　遠見書房

遠見書房

〒181-0001 東京都三鷹市井の頭2-28-16
TEL 0422-26-6711　FAX 050-3488-3894
tomi@tomishobo.com　https://tomishobo.com
遠見書房の書店　https://tomishobo.stores.jp

印刷・製本　モリモト印刷

ISBN978-4-86616-172-3　C3011